Devoured by the Moon

Devoured by the Moon
Selected Poems

Rafael Pérez Estrada

Translated by Steven J. Stewart

Hanging Loose Press
Brooklyn, New York

Published by Hanging Loose Press, 231 Wyckoff Street, Brooklyn, NY 11217-2208. All rights reserved. No part of this book may be reproduced without the publisher's written permission, except for brief quotations in reviews.

www.hangingloosepress.com

Printed in the United States of America
10 9 8 7 6 5 4 3 2 1

Hanging Loose thanks the Literature Program of the New York State Council on the Arts for a grant in support of the publication of this book.

Poems or portions of poems in this collection have appeared previously in the following journals and anthologies: *Apalachee Review, Atlanta Review, Blue Unicorn, Crazyhorse, Hanging Loose, Harper's, International Poetry Review, Jubilat, Nicaraguan Academic Journal, Poetry Daily, Quarter After Eight: A Journal of Prose and Commentary, Runes Review, spinning jenny, Star Line*, and *Tampa Review*.

The translator wishes to thank Esteban Pérez Estrada, José Ángel Cilleruelo, and Rafael Ballesteros for their assistance.

Cover photograph courtesy of Rafael Ballesteros
Cover design by Pamela Flint

Library of Congress Cataloging-in-Publication information available on request.

ISBN: 1-931236-37-2 paperback
ISBN: 1-931236-38-0 hardcover

Produced at The Print Center, Inc. 225 Varick St., New York, NY 10014, a non-profit facility for literary and arts-related publications. (212) 206-8465

CONTENTS

INTRODUCTION

Rafael Pérez Estrada, although still relatively little known outside circles of admirers, produced some of contemporary Spain's most distinctive and original literature, and was twice a finalist for Spain's National Literary Prize. His creative energies were frequently directed at destroying uncritical notions of how literature is classified. Certainly some of that energy is discernible here in these fine translations by Steven Stewart. Although it was Pérez Estrada's return to the (relatively) traditional novel form towards the end of his life that brought him the most critical attention, these pieces are more characteristic of his mature writing than are the novels.

Over the course of four decades, Pérez Estrada created an extraordinarily inventive, varied, and surprising body of work. It may seem remarkable that an unassuming attorney specializing in marriage law in a provincial city of southern Spain could create a world of such astounding verbal and visual richness. Nonetheless, for those who knew him, his prodigious creative powers seemed like the most natural thing in the world. Pérez Estrada was, in fact, famous for his quick wit, unique imagination, and expressive brilliance. In conversation he could be highly intellectual and outrageously funny, and was routinely both at the same time. His legendary storytelling skills were perhaps best experienced at the Wednesday lunches he presided over at the Biltmore Restaurant. For the group of friends who regularly "shared table" with him, these lunches, which often segued into *tertulias* lasting many hours, were the highlight of the week.

Born in Málaga in 1934 into one of the city's most prominent families, his childhood home was so severely damaged at the outbreak of Spain's civil war that the family had to move to a downtown apartment. His father was a highly regarded doctor and his mother an accomplished painter whose stage set for Ramón del Valle-Inclan's *Los cuernos de don Friolera* won a national drama prize.

In 1954 Pérez Estrada left Málaga to study law at the University of Granada. After receiving his degree in 1959, he moved to Madrid, but stayed there for only a year before returning to Málaga to begin his legal career. He traveled frequently (often in relation to his creative work): within Spain, throughout Europe, and also to North and Central America.

His first book, *El Valle de los galanes*, appeared in 1968 and from then until 1990 he produced a voluminous body of work, publishing well over two dozen books, almost exclusively in local presses (Málaga continues to foster a uniquely rich publishing tradition). Most of his work in these years was published by the poet and renowned editor Angel Caffarena under his *Guadalhorce, Dardo* imprint, a direct descendant of the *Imprenta Sur* where so many of the famous Generation of 1927 poets began their careers. In 1990, his book *Libro de los reyes* was published in Barcelona, and from that moment his readership grew significantly, as did the critical attention given to his work.

In spite of serious illness, the last years of his life were especially productive creatively. Between 1997 and 2000 he published four major works in a range of genres: lyric poetry, novel, short story, and theater. Rafael Pérez Estrada died in Málaga on May 21st, 2000. In addition to his general exuberance and magnetic personality, Pérez Estrada was also famous for his generosity towards other writers, particularly to young poets.

Both Mediterranean and universal, Pérez Estrada's art affirms its imaginative power through a poetic language that compellingly unites moderation and extravagance. The imagery is often startling, the metaphors surprising. Yet, behind the word games, the extravagance, and the surprises lies a profound inquiry into the individual's place in the cosmos. Again and again in his work, the redemptive power of creation confronts the inevitability of mortality. His characters all face the challenge of making the impossible possible. The feelings of urgency and vertigo that such a feat produces are heightened by the knowledge of its ephemeral nature.

Readers familiar with Spanish literature may well see affinities between Pérez Estrada's work and that of Ramón Gómez de la Serna, the early avant-garde writer famous for his *greguerías*, short aphoristic texts of often surprising imagery. And it is in the general context of European avant-gardes that Pérez Estrada's early work can best be understood. In a wider European context, and closer to our own times, an essential reference is Italo Calvino, a definite influence on the development of Pérez Estrada's aesthetic of brevity. In this country, the writer nearest to Pérez Estrada's aesthetic sensibilities might be the poet Charles Simic. Gómez de la Serna, Calvino, and Simic could serve as guideposts for readers interested in situating this work in a comprehensible, literary context; but the poems here stand by themselves as testaments to the author's imaginative brilliance.

Years ago, before I had even met Rafael Pérez Estrada, he sent me one of his books. He was kind enough to sign it for me (drawings of stars and moons included), ending his inscription with "from the South and the Imagination." The imagination as a place one travels to: that is a central experience in reading Pérez Estrada. And as with certain pilgrimages, this journey is best made more than once. It is worth the effort. Steven Stewart has done us all a great service by making these pieces available to an English-speaking public.

Mark C. Aldrich
Carlisle, Pennsylvania
September, 2003

TRANSLATOR'S NOTE

I encountered the work of Rafael Pérez Estrada in the summer of 1999. I was traveling through Spain, visiting friends I'd made while living there in the early nineties. It was in a bookstore in Seville where I found Pérez Estrada's book *El ladrón de atardeceres* ("The Thief of Twilights") and I fell in love with it as I devoured it in a single afternoon. This was just a year (as I found out later) before his death. Pérez Estrada was a native of the Mediterranean city of Málaga and still lived there. I had spent several months in Málaga myself in 1992, though I didn't know of his work then, or even that he existed.

I resolved to begin translating his poems as soon as I returned to the U.S. Up to that point, I had translated a lot of Spanish-language poems as exercises, just to see how they would read in English (some Neruda here, some Machado there), but I'd never considered doing it for publication. Nevertheless, I was already convinced that I'd found a writer whose work needed to be read here.

Over the next couple of years I translated a majority of the pieces in the book. But it wasn't until the spring of 2001 that I started in earnest to try to get the rights to publish my translations. By that point in time, the world had become connected through the internet, and I was able to find a considerable amount of information online about Pérez Estrada. It was there that I learned that he had died in May of 2000.

Ironically, it was through a notice of his death that I was able to make the connection I was looking for. I eventually came into contact with Rafael Ballesteros, a fellow poet and close personal friend of Pérez Estrada, who is also close to his heirs. Not only did Ballesteros provide me with numerous other books by Pérez Estrada, but he was able to help me obtain the permission I needed to publish my translations. The speed with which I was able to place the pieces I translated speaks to Pérez Estrada's incredible imagination and broad appeal. One of the first acceptances I got was from the editors at *Hanging Loose*, and their enthusiasm for Pérez Estrada's work has resulted in the publication of this book.

In this volume, I've tried to include pieces that show the depth of Pérez Estrada's inventiveness and his ability to create images that resonate with the power and robustness of our best myths. The primary challenge in translating his work is to bring it across with the same lucidity it has in the original Spanish. For all the pieces, and especially the aphorisms, I've tried for a concise style that is not only true to his original but also suitable for the poems in English. In translating the pieces, my most difficult decisions have often been lexical; it's been a matter of getting the right words to bring the pieces off. As Pérez Estrada writes, there are "words that, when treated right, wind up with the unique luster of certain crystals, like lights abandoned on the seashore." He found these words in Spanish; it has been my task to find them in English.

In Spain, Pérez Estrada is often referred to as a "poet of the imagination." When I first came across this description, I found it puzzling, since, after all, don't all poets work with the imagination? But when you read Pérez Estrada you'll understand the label. He writes in the vein of Borges, creating fantastic realities out of myth, fable, and his own Mediterranean surroundings. His works defy classification: Are they prose poems? Fables? Microfictions? *Harper's*, which recently reprinted "Tattoos," lists the piece under the heading "Tales." Whatever you choose to call them, the key is that they're extremely entertaining, infused with a sense of wonder and a nostalgia for the impossible. When I read (and translate) Pérez Estrada, I remember why and how I fell in love with literature in the first place. I hope you have the same experience.

Steven J. Stewart
Reno, Nevada
August, 2003

Devoured by the Moon

SOMBRAS

La sombra es el reverso del alma.
❋

En el Japón del período Muromachi un joven samurai regaló
su sombra a su Señor, y como la sombra es el ancla del cuerpo,
el guerrero, ya libre, voló al infinito dejando tan sólo la caden-
cia de un haiku amoroso.
❋

Hay sombras asesinas.
❋

Los niños juegan a lo imposible pisando sus sombras.
❋

En las aglomeraciones hay que procurar no perder la sombra:
nada tan triste y peligroso como el ir con la sombra de otro.
❋

El pulcro procura que su sombra no se arrastre excesivamente,
que no se ensucie y que nadie la pise.
❋

En el naufragio de la Medusa una madre, viendo ahogarse a su
hijo, le arrojó su sombra en forma de salvavidas. Dice la leyen-
da que la mujer, ya sin sombra (y sabido es que la sombra es el
cordón umbilical que une a la persona con la tierra), murió al
poco tiempo, en cambio el hijo, con dos sombras, acabó sus
días como gigante de feria.
❋

Para limpiar las sombras hay que pasarlas ante un espejo.
❋

Las sombras de los ángeles son ráfagas que se confunden con el
vuelo de los pájaros.
❋

Cuenta Plinio el Viejo de un país poblado por sombras sin
hombres.

14

SHADOWS

Shadows are inverted souls.
*

In Japan during the Muromachi period, a young samurai gave
his shadow to his Master. Since the shadow is the body's anchor,
the warrior, now frese, flew off into eternity, leaving behind the
cadence of an amorous haiku.
*

Some shadows are homicidal.
*

Trying to step on their shadows, children play at the impossible.
*

While in large crowds, you must be careful to not lose your
shadow. There's nothing so sad and dangerous as moving from
one shadow to another.
*

Excessively tidy people are careful to keep their shadows from
dragging too much, and to keep them from getting dirty or being
stepped on.
*

In the wreck of the *Medusa*, a mother, seeing her child drown,
threw him her shadow in the form of a life preserver. The leg-
end says that the woman, now without a shadow (and it's well
known that the shadow is the umbilical cord that joins a person
to the earth), shortly died. The child, however, with two shad-
ows, ended his days as a giant in a circus.
*

Shadows get cleaned when they are passed through a mirror.
*

The shadows of angels are gusts easily confused with
the flight of birds.
*

Pliny the Elder tells of a land populated by shadows without bodies.

❊

En el Gran Concilio de Alejandría, los Padres de la Iglesia discutieron vehementes la cuestión de si al morir el cuerpo también muere la sombra.

❊

La sombra más transparente es la del pájaro que no llega a tocar el cuerpo del que es sombra.

❊

Los amantes exactos tienen una sola sombra.

❊

Cuenta Tácito haber visto a un perro huyendo de su sombra que le ladraba furiosamente.

❊

El hombre puro no tiene sombra.

❊

La sombra de la palabra es el eco.

❊

In the Great Council of Alexandria, the Church Fathers vehe-
mently debated the question of whether or not the shadow dies
with the body.
❊

The freest shadow is that of the bird, never touched by its master.
❊

Perfect lovers share a single shadow.
❊

Tacitus claims to have seen a dog fleeing its own
furiously barking shadow.
❊

A pure man has no shadow.
❊

The shadow of a word is an echo.

ESPEJOS

El espejo es el antecedente remoto del cine.

✤

El espejo es una invitación a la resurrección del pasado.

✤

Los adolescentes, en la fiebre de la soledad, creen que la imagen del espejo es parte de un sueño, y la conocen.

✤

Las adolescentes buscan huellas de besos en los espejos.

✤

El espejo es la presentación diaria del desconocido íntimo.

✤

Hay espejos tan tímidos que se rompen ante el esplendor de un desnudo perfecto.

✤

Los espejos, en su frialdad, no tienen memoria de su antropofagia estética.

✤

Hay espejos tan corteses que se niegan a reflejar a lo desagradable.

✤

¿Qué espeja un espejo ante otro espejo?

✤

El espejo es el principio de la teoría del conocimiento.

✤

El espejo es enemigo de la repetición y cuando la sufre, miente.

✤

En la oscuridad el espejo perece.

✤

El soberbio espera un aplauso del espejo.

✤

En las casas de placer el espejo hace *ménage à trois*.

MIRRORS

The mirror is a distant precursor of the cinema.
*

A mirror is an invitation to resurrect the past.
*

Adolescents, in the fever of their loneliness, believe their image
in a mirror is part of a dream.
*

Adolescent girls are always examining mirrors for the residue
of past kisses.
*

A mirror is a daily presentation of the intimate unknown.
*

Some mirrors are so shy they break before the splendor
of a perfect nude.
*

In their frigidity, mirrors are not conscious of their
aesthetic cannibalism.
*

Some mirrors are so courteous they refuse to reflect
anything unpleasant.
*

What does a mirror reflect when placed before another mirror?
*

The mirror is the beginning of theories of consciousness.
*

Mirrors despise repetition, and when they suffer it they lie.
*

Left in darkness, mirrors perish.
*

The pompous expect applause from a mirror.
*

A mirror in a house of pleasure creates a *ménage à trois*.

✿

Inesperadamente la bruma se abrió al fulgor vivísimo de la hoja del cuchillo: La muerte y el espejo en un solo objeto. Alzó la mano y con ella el arma, y al hacerlo, como un cazador místico, el acero reflejó el vuelo de una tórtola. "Nada puede sostenerse en un arma mortífera," dijo el muchacho, mientras que, vertical, el ave caía a sus pies.

✿

En la última noche, el muchacho se miró en el espejo y advirtió su ausencia.

✿

El espejo de la tristeza reproduce las imágenes sin color.

✿

Se miró en el espejo y vio cómo su imagen le hacía un gesto obsceno.

*

Unexpectedly, the fog opened up before the living brightness of
the knife's blade: the object was both death and mirror. Like a
mystical hunter, he lifted his hand and with it the weapon. The
steel reflected the flight of a turtledove. "Nothing can survive in
such a lethal blade," said the man, as the bird dropped straight
down and landed at his feet.

*

On the last night, the boy looked for his reflection in a mirror
and noted its absence.

*

The Mirror of Sadness reproduces images, but without color.

*

He looked in the mirror only to see his reflection making an
obscene gesture back at him.

SUEÑOS

Los sueños, como irrealidades, están al margen de su propio significado.
❃

Nos niegan los dioses la posibilidad de repetir los sueños amables.
❃

El sueño perfecto es el que participa de la realidad y la consume.
❃

Soñar que un hecho se repite en toda su identidad no es una premonición, sino un sueño que contiene otro sueño.
❃

El sol, como enemigo de los sueños, es la única realidad confirmada.
❃

Empezó a soñar y acabó despertando en un sueño ajeno.
❃

Dice el Profeta: Seréis juzgados por vuestros sueños.
❃

El sueño, y no la huella digital, es el método más eficaz para identificar a una persona.
❃

El siquiatra teme interpretar sus sueños.
❃

El niño tiene la voz y el sueño blancos.
❃

El hombre que encuentra el sueño perfecto intenta no abandonar ni el lecho ni la noche.
❃

La Bella era Durmiente porque no quería abandonar un sueño.
❃

Hay sueños con interferencias.
❃

El sueño americano tiene espacios publicitarios.

DREAMS

Dreams, like fictions, are always at the edge of their own meaning.
❋

The gods deny us the opportunity to repeat our pleasant dreams.
❋

The perfect dream is that which takes part in reality and consumes it.
❋

The experience of *déjà vu* isn't a premonition, but a dream within a dream.
❋

The sun, the enemy of dreams, is the only confirmed reality.
❋

He began to dream and wound up awake in someone else's dream.
❋

According to the Prophet, we will be judged according to our dreams.
❋

Dreams—not fingerprints—are the most effective way of identifying someone.
❋

Psychiatrists are afraid to interpret their own dreams.
❋

A baby has soft skin and soft dreams.
❋

A man chanced upon the perfect dream and refused to leave his bed.
❋

Beauty was Sleeping because she didn't want to leave her dreams.
❋

Some dreams are accompanied by static.
❋

The American Dream comes complete with billboards.

*

Hay un sueño tan vergonzoso y tímido que nunca sale.

*

El solitario ni siquiera tiene sueños.

*

El avaro atesora sus sueños.

*

El santo sufre de pesadillas eróticas y el asesino goza de sueños beatíficos.

*

Hay clínicas especializadas en trasplantes de sueños.

*

A veces, el pobre sueña con la pobreza.

*

En la pesadilla del maldito un teléfono suena incesantemente.

❋

There's a dream so timid and shy it never shows itself.
❋

Some people are so lonely they don't even have dreams.
❋

The greedy hoard their dreams.
❋

Saints suffer from erotic nightmares and murderers from beatific visions.
❋

Some clinics specialize in dream transplants.
❋

Sometimes the poor dream of being poor.
❋

In the nightmares of the damned there's a telephone ringing incessantly.

ASESINATOS

El artista homicida patenta su crimen.
❊

El asesino diligente prepara antes la defensa que el crimen.
❊

En el crimen, odio es sinónimo de amor; muerte, de eficacia.
❊

El asesino es el amante imperfecto de la víctima.
❊

El destripador desea que una paloma surja del vientre de su víctima.
❊

El criminal delirante después del asesinato intenta succionar, boca a boca, el alma de su víctima.
❊

Confunde el asesino estertor y orgasmo.
❊

El asesino técnico lleva grabados los efectos especiales del crimen que pretende.
❊

Es el criminal cómplice del silencio.
❊

El ahorcado es una lección práctica de las teorías del movimiento, las oscilaciones y el péndulo.
❊

Las más de veces, la "sangre fría" es sangre coagulada.
❊

Por fin el solitario recibe una visita.
❊

Caín es la acción; Abel, la pasividad.
❊

Caín es inventor del tatuaje.

HOMICIDES

The artistic assassin copyrights his crime.

❋

The diligent assassin prepares his courtroom defense before committing the crime.

❋

For assassins, hate is synonymous with love, death with efficiency.

❋

An assassin is a flawed lover of the victim.

❋

The disemboweler hopes that a dove will fly out of the victim's belly.

❋

After the assassination, the delirious criminal placed his mouth over the victim's, trying to suck out her soul.

❋

An assassin confuses the death rattle with an orgasm.

❋

The technical assassin carries with him the appropriate sound effects for the crime he's planning.

❋

Silence is the criminal's accomplice.

❋

A hanged man is a practical lesson in the theories of movement, oscillation, and pendulums.

❋

More often than not, "cold blood" means coagulated blood.

❋

Someone lonely finally getting a visitor.

❋

Cain is action, Abel passivity.

❋

Cain is the inventor of the tattoo.

❀

Algunos historiadores creen que Abel se suicidó y que Caín, para no consternar a sus padres, les contó una versión más dinámica y argumental del suceso.

❀

El forense es el voyeur del crimen; el juez, el aguafiestas.

❀

Toda muerte es violenta, incluso la "natural."

❀

Casi siempre el infanticida codicia el tren eléctrico del niño al que da muerte.

❀

El parricidio, más que crimen, es una falta de respeto.

❀

Para eliminar a sus víctimas se hace prestidigitador el asesino.

❀

Meditar en el castigo es causa para muchos criminales de polución nocturna.

❀

El regicida es un asesino con manías de grandeza.

❀

Si no hubiera castigos, no habría crímenes.

❀

El asesino romántico lleva en un guardapelo un rizo de su víctima.

❀

El crimen perfecto existe, y como tal es desconocido.

❀

Cada cosa a su tiempo: duerme feliz el asesino con su víctima, y bajo la almohada esconde el puñal.

❀

Le miró a los ojos y reconoció en él al asesino, el hombre que había esperado siempre.

❀

Ella, romántica exaltada, a punto de expirar, le dijo: "¡Bésame! ¡Bésame!"

❀

La belleza del móvil atenúa el crimen.

❋

Some scholars believe that Abel committed suicide and that
Cain, to protect his parents from the truth, told them a more
dynamic, stimulating version of what happened.

❋

The forensic scientist is the crime's voyeur, the judge its killjoy.

❋

All death is violent, even when it's "natural."

❋

Those guilty of infanticide usually covet the victims'
electric train sets.

❋

The parricide is more guilty of disrespect than murder.

❋

To make his victims disappear, the assassin turned to prestidigi-
tation.

❋

Meditating on potential punishments causes many criminals to
have wet dreams.

❋

The regicide is an assassin with delusions of grandeur.

❋

If there were no punishments, there would be no crimes.

❋

The romantic assassin keeps a lock of his victim's hair.

❋

The perfect crime does exist, which is why we don't hear about it.

❋

All in due time: the assassin sleeps tranquilly with the victim,
holding his dagger underneath the pillow.

❋

She looked into his eyes and recognized the assassin, the man
she had always waited for.

❋

She was a kitschy romantic. At the point of expiring, she shout-
ed "Kiss me! Kiss me!"

❋

A beautiful motive can take the edge off a crime.

DE LA NATURALEZA DE LOS ÁNGELES

Los ángeles son plurales y equívocos.
✳

Como nacidos de la imaginación y el deseo, los ángeles no tienen ombligo.
✳

Los ángeles son anarquistas y especialmente antipáticos con la Ley de Newton.
✳

Los ángeles amorosos se dicen entre sí, "hombre mío, hombre mío."
✳

En mayo florecen los pubis de los ángeles.
✳

Detrás de los espejos y envueltos en azogue duermen los ángeles de los adolescentes.
✳

El ángel del verdugo llora sangre.
✳

El ángel del torero tiene las alas carmesíes.
✳

Los ángeles de la noche americana se adornan con alas de neón.
✳

Liban los ángeles en labios adolescentes.
✳

El ángel del puerto hace trenzas con el humo de los barcos.
✳

El ángel del trapecista padece de vértigo.
✳

El ángel de los atardeceres oculta su mirada tras dos mariposas nocturnas del Brasil.
✳

En las playas los ángeles usan bañador para no descubrir su sexo y no incurrir en la antigua cuestión teológica.

ON BEING AN ANGEL

Angels are diverse and misunderstood.
❈

Born of imagination and desire, angels have no navel.
❈

Angels are anarchists, particularly opposed to Newton's law.
❈

Amorous angels say to each other, "My human, my human."
❈

An angel's pubis flowers in May.
❈

Wrapped in mercury, the angels of adolescents sleep in
the backs of mirrors.
❈

The hangman's angel weeps blood.
❈

The bullfighter's angel has wings of crimson.
❈

At night, American angels adorn their wings with neon.
❈

Angels enjoy licking at the lips of adolescents.
❈

The harbor angels make pigtails out of the smoke coming
from the boats.
❈

The trapeze artist's angel suffers from vertigo.
❈

The angel of twilights hides his gaze behind two Brazilian moths.
❈

On the beach, angels wear bathing suits to hide their sex and
thus avoid entering into the ancient theological question.

❁

A la hora de la siesta, succionan los ángeles los pechos a las madres lactantes.

❁

En el cielo un ángel pastorea nubes aborregadas.

❁

Tras la lluvia el ángel se hace una bufanda con el arco iris.

❁

Cubre su desnudo el ángel con la aurora boreal.

❁

Cree el ángel en su inocencia que hay hombres de la guarda.

❁

Espera el ángel su resurección en forma de papagayo.

*

At nap time, angels suck at the breasts of lactating mothers.
*

Some angels tend flocks of clouds in the sky.
*

After the rain, angels make scarves out of the rainbow.
*

Angels use the aurora borealis to cover their nakedness.
*

In their innocence, angels believe they are watched
over by men.
*

Angels hope to be reincarnated as parrots.

EL INÉDITO

Por urgencia de un viaje y falta de previsión por mi parte, me vi precisado a dormir una noche en la habitación donde también lo haría un extraño individuo. Al desnudarse, grande fue mi sorpresa al descubrir que tenía grabado en la espalda el capítulo de una novela.

Decidí abandonar el viaje e instalarme en aquella pensión. Así, noche tras noche, fui descubriendo el contenido de una obra apasionante que se extendía en minuciosa letra tatuada por el pecho, los brazos e incluso las muñecas de aquel ser que empezaba a parecerme prodigioso.

Supe que era este ecritor o este libro (la duda, razonable, se resolvió a favor de lo primero) hombre desconfiado, de pocas relaciones y temeroso de que alguien pudiera plagiar una obra lograda tras tantos años de esfuerzos.

Un día no pude contenerme y le pregunté:

— ¿Y el tatuador, no teme al tatuador, no le angustia la posibilidad de que sea un desaprensivo, alguien capaz de reproducir letra por letra la historia por usted creada?

De inmediato me tranquilizó, pero lo hizo de tal manera que percibí cómo al explicarme las precauciones tomadas, se tranquilizaba una vez más a sí mismo:

— Elegí a un sujeto eminentemente artesanal, un analfabeto que paradójicamente, tenía facilidad para el dibujo, especialmente para la copia. Se podía decir que aquel tatuador podía haber sido un falsificador de altos vuelos, mas el individuo hallaba cierto placer inconfesable en marcar cuerpos, le parecía que así los hacía suyos. Se limitó por tanto a reproducir unos signos sin entender su significado.

Mi amistad con aquel hombre y con aquel libro viviente llegó a extremos de permitirme no sólo que leyera la apasionante crónica (quizá una fantasía) grabada en su piel, sino que la releyera y hasta tomase apuntes cuantas veces lo deseara.

Hubo un momento en el que no sólo fui lector suyo, sino que participé de sus preocupaciones:

THE UNPUBLISHED MAN

Due to an urgent trip and a lack of foresight on my part, it became necessary one night for me to share a room with a stranger. As I watched him undress, I was greatly surprised to discover he had the chapter of a novel tattooed on his back.

I decided to abandon my trip and install myself in that boarding house. Thus, night after night, I found myself discovering a passionate work that extended its minuscule letters over the chest, arms, and even the wrists of that wondrous being.

I knew that this writer or this book (reason seemed to dictate the former) was a suspicious man. He had few relatives and was afraid that someone would plagiarize the work that had cost him so much effort and so many years.

One day I couldn't hold back and asked, "And the tattoo artist? Aren't you afraid of him? Aren't you worried he might be a crook, that he might reproduce your story letter by letter?"

He immediately told me not to worry; though he did it in such a way that, while he was explaining the precautions he had taken, it was clear he was also trying to reassure himself one more time.

"I chose someone who was eminently artistic, an illiterate who was, paradoxically, an expert at drawing, especially copying. He could have been a high-level forger, but he found a curious pleasure in marking up bodies. It was like he made them his own that way. He could replicate symbols, but he didn't know their meaning."

My friendship with that man, with that living book, grew to the point that I wasn't just reading the passionate, fantastic chronicle written on his skin, I was rereading it and taking notes whenever I liked.

At one point, I was not only his sole reader, but I began to share his worries.

— ¿No teme —le dije— que al morir usted, y con usted su cuerpo, se pierda también su obra?

Entonces sacó y expuso ante mí un testamento. En él se ordenaba que una vez le llegase el instante final, sus restos fueran embalsamados. Así se lograría —fueron sus palabras, cultas y a la vez trágicas— una edición única y . . . en piel. Dicho esto, la tensión fue tanta entre nosotros, que, para darle a la tarde un tono menos agrio, me suplicó del modo más amable:

— ¿Le importaría leerme el capítulo que hay en mi espalda?, mi memoria no es buena y temo haberlo olvidado.

"Aren't you afraid," I asked, "that when you die, and your body with you, that your work will be lost also?"

Then he took out his will and showed it to me. It directed for his remains to be preserved in the event of his death. Thus he would achieve (these were his words, tragic yet refined) an exclusive limited edition . . . printed on skin. His answer created such tension between us that he graciously tried to make the afternoon lose some of its bitterness:

"Would you mind reading me the chapter on my back? My memory isn't so good, and I'm afraid I've forgotten it."

MELANCOLÍA

(In memoriam M.C.G.)

Primero le salieron alas, unas alas brillantes que ella lucía sin fuerzas, trabajosamente: Oh —solía decir—, aunque el médico asegure que son síntomas de una pronta huida nupcial, nada bueno anuncia este prodigio.

Despues se puso triste y frágil, y sus palabras se hicieron como hojas de otoño, y había melancolía en sus palabras. Y sus labios tenían la extraña belleza de algunas reinas egipcias de perfil.

Al final se olvidaron de las alas, y, frente al mar, recortaban papeles de colores. —Cómo pesa la melancolía —exclamó una tarde.

Y ya todo fue recuerdo.

MELANCHOLY

(In memory of M.C.G.)

First she grew wings, brilliant wings that she wore painfully, without strength. "Oh," she would say, "the doctor assures me they're symptoms of an imminent nuptial flight, but nothing good can come of this."

Afterwards she became sad and fragile. Her words became like autumn leaves, imbued with melancholy. And her lips had the strange beauty of certain Egyptian queens in profile.

In the end the wings were forgotten and they spent their time cutting out colored paper on the seashore.

"This melancholy is so heavy!" she exclaimed one afternoon. And then everything was just a memory.

LAS MANOS

Fue en un instante de decidida obsesión por el mar cuando sus manos, libres al fin de su voluntad limitadora, decidieron alzar al vuelo. Desde siempre, había advertido cierta rebeldía en sus manos. A veces, en los momentos de mayor austeridad, se movían enloquecidas parodiando el vuelo de una gaviota o el planear dichoso de un vencejo. Cuando esto ocurría debía ocultarlas en los bolsillos de los pantalones acampanados que le gustaba usar. Pero aquella tarde también él tenía deseos de elevarse, de huir de sí mismo en busca de las grandes alturas; y las dejó hacer. Primero, temblaron como si fueran novicias en esto de aletear. Después, vibraron enérgicamente, y al fin, sin dolor, se desprendieron de las muñecas, y tras revolotear en torno a su cabeza se fueron distanciando de él hasta perderse en la línea imprecisa de un horizonte indiferente.

Ni por un instante se sintió mutilado y triste por la pérdida de unas manos que, aun incordiantes, le habían servido desde siempre. Su fantasía pudo más; por ello pensó en cómo se las apañarían en el aire, si serían o no felices, y si alguna vez —ya sólo aves— hallarían parejas. Únicamente, al hacer un gesto, un intento de llevarlas al bolsillo, sintió un vacío muy especial:

—Esto debe ser —se dijo— el dolor de ausencia.

Y siguió caminando.

THE HANDS

For an instant he was consumed by his obsession for the sea, and his hands (free at last of his restrictive will) decided to take flight. From the beginning he had detected a certain rebelliousness in them. At times, in the tensest moments, they would move about in a crazy parody of a seagull's flight or a swift's gliding. When this happened he would hide them in the pockets of the bell-bottomed trousers he used to wear.

But on that afternoon even he wanted to fly away, to flee himself and seek out new heights. So he let the hands go. At first they trembled, as if they were unused to flapping. Then they vibrated energetically and broke painlessly away from his wrists. After fluttering once around his head, they began to distance themselves from him until they were lost in the imprecise line of an indifferent horizon.

At no point did he feel sad or maimed by the loss of the hands which, though bothersome, had always served him. His fantasy was stronger than that: in it, he thought of how the wind would lift them up, whether or not they would be happy, and whether at some point they would find mates among the birds. Only once, as he tried to put them in his pockets, did he feel a poignant void:

"This must be," he told himself, "what loss feels like."

And he kept on walking.

LA PUTA FLORECIDA

Cuando florecieron las primeras violetas en su piel, más que sorpresa, el asunto fue motivo de escándalo entre sus compañeras, mujeres también de la calle, temerosas de que aquel fenómeno fuera contagioso, y la clientela, severa y conservadora, compuesta casi toda ella de jueces, funcionarios de Hacienda y clérigos descreídos, pusiera el grito en el cielo de todos los escándalos, y las abandonase al destino incierto de venus sin trabajo y sin orgasmos mercantiles.

Ella, aun desconcertada, se sintió feliz al principio por el raro asunto del que era protagonista. Las violetas le nacían arracimadas, caprichosas, parecidas a los tatuajes (fueron más de uno) que en una tarde enloquecida le hizo grabar en su piel de muchacha un viejo marinero nórdico experto como pocos en el arte de amar. Después, ya todo fue excesivo. El joven apuesto que solía eligirla en las visitas a la casa, la abandonó:

—Sí —le decía— es algo muy hermoso, un espectáculo único. Y no es que tema contagiarme de esta exuberancia floral; en modo alguno. Mas, al entregarme, al intentar aterrizar sobre tu cuerpo, tengo la sensación de sobrevolar una selva poblada no sólo de violetas, sino también de caimans, viudas negras, anacondas, y animales terribles. —Y ella, que lo amaba, y se había encaprichado con aquel muchacho hasta el extremo de guardarle la parte del león de su postre, lloraba lágrimas pequeñas que olían a las violetas que adornaban, hasta ensombrecerlo, su cuerpo de muchachita fácil.

THE FLOWERING WHORE

When the first violets blossomed on her skin it caused a scandal among her colleagues. They were afraid the thing was contagious and that their severe, conservative clientele (consisting of judges, treasury officials, and godless priests) would cause an uproar and leave them with no place to hawk their orgasms.

Though disconcerted, she was at first excited about the strange thing happening to her. The violets sprouted up capriciously, in bunches. They looked like the tattoos that had been drawn on her skin in a single lunatic afternoon by an old Nordic sailor expert in the arts of love. Later on, the flowers got to be too much. Even the well-groomed young man who typically chose her when he visited the house abandoned her:

"True," he would tell her, "it's very beautiful, a sight like no other. And it's not that I'm afraid of catching what you have, not at all. It's just that when I give myself to you, when I'm trying to touch down over your body, I feel like I'm flying over a jungle not just of violets but of caimans, black widows, anacondas, and other awful creatures." And she, who loved him, who was so enamored that she gave him the lion's share of her dessert, would cry small tears that smelled of the violets overshadowing her young, promiscuous body.

EL INMÓVIL

Amó con pasión desmedida a una estatua. Fue un juego de caricias y deseos. Para hacerse igual a ella, permanecía silencioso y quieto, esperando de este modo entenderse mejor con aquella figura apasionante. Si al menos —pensaba— las palomas retuvieran el vuelo sobre mi cabeza, o la yedra se enredara a mis pies, o un loco estudiante dibujara grafitos demagógicos en mi espalda, o un niño brutal me destrozase de un pelotazo la nariz, sabría que estoy en el buen camino de ser estatua, de ser correspondido.

MOTIONLESS

He loved the statue with a reckless passion. It was a constant game of caressing and wanting. To make himself her equal, he would hold still and keep silent, trying thus to understand the object of his desire. "If only the doves would fly around my head," he thought, "or the moss crawl up my feet, or a foolish student would scrawl graffiti on my back, or a brutal child would break off my nose with a stone—then I would know that I was becoming a statue, that I belonged."

CIERTA ASIMETRÍA

La pequeña esquizofrénica tenía cierta asimetría en el rostro, que sus gestos delataban de inmediato; pero ella era indiferente al gesto, al rostro, al cuerpo, y a las manos. Ajena a todo lo suyo.

—Oh, la locura is una planta que necesita demasiados mimos —solía comentar con distanciamiento de aquello que le afectaba—. Me debo a todo esto —y luego, ya dicho, permanecía en silencio. Y yo, aun sabiéndola absorta, prefería estar a su lado. Una tarde me habló de la nube, y no quise creerla hasta que me condujo a una habitación destartalada, luego, abrió el espejo de doble luna y me la eseñó. Allí, en la obscuridad del armario, apretujada entre las perchas de madera y la ropa inservible, estaba quietecita la nube—. Si quiero llueve —me explicó con la fatuidad de un domador de circo; incluso hizo una reverencia, tal si esperase un aplauso. Para no desencantarla subí con ella a la terraza a tomar, cogido de su mano, el sol del mediodía.

La última vez que la vi, me dijo aparentando indiferencia:

—Si no fuera por esta muralla, cada vez más alta, me atrevería a amarte. —Pero la muralla, que estaba construida de piedra triste y abandono, siguió subiendo, subiendo hasta ocultar la luna.

Años más tarde tuve noticias de la muchacha asimétrica. Se había convertido en una roca verde en el pico de una playa solitaria. También supe que la nube se había apolillado. A veces me acerco a la playa para ver como revolotean las pagazas del mar en torno a la roca abandonada; y otras me olvido de ella. La vida —pienso— no es de fiar.

A CERTAIN ASYMMETRY

The tiny schizophrenic had a certain asymmetry to her face, which her expressions would immediately betray. But she was indifferent to her expressions, her face, her body, and her hands—detached from everything that was hers.

"Insanity is a plant that requires too much care," she would say, distancing herself from her affliction. "All of this on account of me." Having said this she would keep silent. And I, even knowing she was absorbed in herself, preferred to stay at her side.

One afternoon she told me about the cloud. I didn't want to believe her until she led me to the disheveled room, opened up the double mirror, and showed it to me. There, in the darkness of the armoire, squeezed between the wooden hangers and useless clothes, was a quiet little cloud. "If I want it to, it rains," she explained, as self-assured as a lion tamer at a circus. She even bowed, as if expecting applause. So as not to upset her, I went with her up to the terrace where we held hands and took in the afternoon sun.

The last time I saw her, she feigned indifference and told me:

"If it weren't for this wall—it gets higher and higher—I would dare to love you." But the wall, built with the sad stones of abandonment, rose until it concealed the moon.

Years later I received news of the asymmetrical girl. She had turned into a green boulder at the end of a solitary beach. I also learned that the cloud had been eaten by moths. Sometimes I walk along that beach, watching the sea swallows circle the abandoned boulder. Sometimes I forget about her.

Life, I tell myself, can't be trusted.

EL OJO

Sentía vergüenza de aquel ojo parpadeante que le había nacido en su mano, y la cerraba para que nadie lo viera. Un ojo allí donde algunos santos tienen llagas, un ojo de extraña claridad; diferente a sus dos otros ojos, profundos y castaños; sin embargo, de noche, cuando nadie lo vigilaba, abría lentamente la mano dejando que el ojo parpadease deslumbrado por una luz artificial y secreta; y luego, didáctico, le enseñaba antiguos cromos de Ciencias Naturales; letras mayúsculas de curiosa tipografía, entrelazada unas veces, otras, gótica; y en ocasiones, el desnudo de una preciosa muchacha. Sorprendido ante aquellas maravillas, el ojo se agitaba tímido, y él le decía animándole: Algún día te sacaré a la calle; entonces sí que podrás ver cosas extraordinarias. Y el ojo, la pupila del ojo, brillaba como una estrella terrenal.

THE EYE

He was ashamed of the blinking eye that had materialized on his hand, and he kept it shut so no one would see it. An eye where certain saints have wounds, an extremely clear eye, different from his other two which were deep and brown. Nevertheless, at night, when no one was watching, he would slowly open his hand, letting the eye blink as it was dazzled by an artificial, secret light. And later, instructively, he would show it ancient paintings of natural sciences; capital letters of curious typography, sometimes interlaced, sometimes gothic; and, on occasion, a nude painting of a precious young woman. Astonished by those wonders, the eye would shudder timidly, and he would encourage it, saying, "Someday I'll take you out on the street and you'll see extraordinary things." And the eye, the pupil of the eye, would shine like a terrestrial star.

EL DIVÁN DE LA MAGIA

Conocí y traté en mis años de bohemia y circo a la mujer decapitada, más conocida como la Cabeza Parlante. Era una muchacha (dos trozos de una misma muchacha) tímida y excesivamente maternal con su cabeza, a la que mimaba, y que nunca, por temor a perder su trabajo en el circo, intentaba ponerse. La miraba, eso sí, desde la herida abierta de su cuello rojizo, que ella disimulaba con una sarta de perlas orientales, como otras mujeres admiran sus más hermosos sombreros. La arreglaba y acariciaba, pero nunca se atrevía a colocarla sobre sus hombros. En los días de añoranza se limitaba a contemplar una foto trucada en la que ella aparecía completa en su figura. Eran días también de extrema feminidad en los que lloraba un vendaval de lágrimas.

No sé bien si mis predilecciones adolescentes fueron para la cabeza o el tronco (me temo lo peor). De ambas partes guardo un recuerdo feliz. Eran dulces y sencillas, parlanchina una, callada y profunda la otra, y es justo recononcerlo, ambas fueron explotadas en el circo.

THE MAGIC DIVAN

In my bohemian days, when I was in the circus, I would hang out with the decapitated woman, better known as The Talking Head. She was a timid girl (or rather two halves of a single girl) and treated her head like a loving mother would a child. Though she would pamper it, she never tried to reattach it, for fear of losing her circus job. You could see her eyes settle on the reddish open wound of her neck, which she tried to conceal beneath a necklace of gleaming pearls (she wore it like other women wear their most beautiful hats). She would adjust and caress her head, always stopping short of putting it on her shoulders. On the days of her most intense longing she would stare at a doctored photo in which her body appeared intact. Those were extremely fragile days for her and she would gush with tears.

I don't know whether, in my adolescence, I preferred the head or the trunk (I fear the worst). I have pleasant memories of both. They were sweet and simple, the one talkative, the other deep and silent, and it's only right to admit that both were exploited there in the circus.

AFORISMOS PATÉTICOS

La sombra del ahorcado es parte del reló de sol.

✻

Bajo la luna menguante, el avaro cuenta dinero.

✻

Mejor ser un buen inválido que un mal deportista.

✻

Perversidad: La forma más sofisticada de lesbianismo es el amor entre dos travestidos.

✻

Espera el antropófago a las puertas del quirófano.

✻

La luna está hecha a imagen y semejanza del ombligo.

✻

La luna es la imperfección de la oscuridad.

✻

La insaciable humildad de los pobres.

✻

La falta de imaginación es la causa de que se entierren a los muertos en forma horizontal.

✻

La luna está habitada por las sombras de los amantes muertos.

✻

La fama es un proceso de distribución.

✻

El único anónimo decente es el alcohólico.

✻

El sudor de la víctima es la salsa del caníbal.

✻

El río tiene la seguridad de que su luna se refleja en la noche.

✻

En la novela policíaca perfecta, el asesino es Dios.

✻

El matemático incrédulo desafía a los dioses pidiéndoles un solo milagro: la cuadratura del círculo.

✻

Quien acepta la pena de muerte, acepta el infierno.

✻

Con el ángel caído empieza la gravedad.

PATHETIC APHORISMS

A hanged man and his shadow can function as a sundial.

❊

Greedy men count their money beneath a dwindling moon.

❊

It's better to be a good invalid than a bad athlete.

❊

The most sophisticated form of lesbianism is love between two transvestites.

❊

Outside the door of every operating room there's a cannibal, waiting.

❊

The moon is made in the image and likeness of the navel.

❊

The moon is a flaw in the night's darkness.

❊

The poor are insatiably humble.

❊

Why are the dead buried horizontally? A lack of imagination.

❊

The moon is inhabited by the shadows of dead lovers.

❊

Fame is a means of distribution.

❊

Only alcoholics excel at anonymity.

❊

The victim's sweat is the cannibal's salsa.

❊

The river is certain that its moon is reflected in the night sky.

❊

In the perfect crime novel, the murderer is God.

❊

The unbelieving mathematician issues a challenge to the gods, asking for a single miracle: the squaring of the circle.

❊

To support the death penalty is to believe in Hell.

❊

With Lucifer's fall came gravity.

FRECUENTACIONES ANGÉLICAS

Absorto en la desnudez de la pareja, el Ángel del Paraiso dudó dos veces antes de blandir la flamígera.

*

Los ángeles clásicos, al igual que los ingleses, se sienten incómodos ante el bidet.

*

Como las libélulas, los ángeles se acoplan en el cielo.

*

Deformación congenital: Un ángel con cuerpo de pájaro y brazos de hombre.

*

Despues de la fiesta de disfraces, cuando todos nos desvestíamos, alguien seguía con alas.

*

Los ángeles mellizos de los hermanos mellizos.

*

En el orden angélico se tiene por anormal y patológico al ángel áptero.

*

Inexplicable: En el brazo del ángel un tatuaje dice: "No hay amor como el de madre."

*

Un ángel nocturno fluorescente.

*

La niña Louise Arden de Toulouse, la mañana del 8 de marzo de 1907, aseguró vehemente que los labios de los ángeles saben a violetas.

*

Una norma de Derecho Divino prohibe a los ángeles de maquillarse.

*

Dirigiéndose al ángel de la guarda, le preguntó, "¿Te molesta que fume?"

ANGELIC FREQUENCIES

Captivated by the couple's nakedness, the Angel of Paradise hesitated before driving them out.

❊

Like the English, classical angels are uncomfortable discussing toilets.

❊

Like dragonflies, angels mate in the sky.

❊

Birth defect: an angel with the body of a bird and the arms of a man.

❊

After the costume party, when we all undressed, someone was still wearing wings.

❊

They were twin brothers with twin guardian angels.

❊

In the angelic order of things, wingless angels are considered abnormal, pathological.

❊

It was inexplicable: on the angel's arm was tattooed the word "Mother."

❊

It was a nocturnal, fluorescent angel.

❊

On the morning of March 8, 1907, a little girl from Toulouse named Louise Arden vehemently declared that the lips of angels taste like violets.

❊

By rule of Divine Law, angels are prohibited from wearing makeup.

❊

Addressing his guardian angel, he asked, "Mind if I smoke?"

*

No desearás al ángel de tu prójimo.

*

De la unión de Leda y el cisne nace un ángel.

*

En el trampolín, un muchacho intentaba enseñar a volar a su joven ángel.

*

El ángel, en solidaridad con el hombre, abandona el Paraíso.

*

Hermione Masterson tuvo fama en el siglo XVIII de ser muy habilidosa en el arte de seducir a los ángeles de la guarda de sus amigas.

*

El ángel travieso pincha nubes y hace lluvias.

*

El ángel ante el espejo se ve sin alas.

*

Y en los vestuarios quedamos todos atónitos cuando vimos salir de la ducha el esplenderoso desnudo de un ángel.

*

Para la anciana, la perpetua juventud de su ángel era una impertinencia insoportable. Y acabó despidiéndolo.

*

Los ángeles, temerosos de la soledad, se hacen custodios.

＊

Thou shalt not covet thy neighbor's angel.
＊

From the union of Leda and the swan was born an angel.
＊

The boy on the trampoline was trying to teach his young angel how to fly.
＊

In a show of solidarity with humans, angels also left Paradise behind.
＊

In the eighteenth century, Hermione Masterson was famous for her ability to seduce the guardian angels of her friends.
＊

Mischievous angels make it rain by tickling the clouds.
＊

An angel standing before a mirror sees itself without wings.
＊

In the locker room, we were all shocked when we saw a splendid, nude angel leaving the shower.
＊

For the old woman, the perpetual youth of her angel was an insufferable affront. She ended up dismissing it.
＊

Angels afraid of loneliness become guardian angels.

EL MINOTAURO

El Minotauro amaneció sin ganas de moverse.

Tenía el monstruo una exacta conciencia de su destino, y eso lo exasperaba: ser la solución de un laberinto no es agradable, se decía con frecuencia.

El Minotauro era un soñador de todo aquello que tuviera una clara entrada y una inequívoca salida. Lo demás, especialmente lo laberíntico, le aburría. Sentado en el centro de aquella contrucción, coceaba impaciente con su negra pezuña.

Los hombres son muy simples —pensaba—, no conocen otro destino que el morir. Y aunque él les daba la muerte, creía obrar en beneficio y complacencia de cuantos entraban en el dédalo.

En una ocasión se emocionó: había descubierto luminosidades azules en una mirada; pero él ignoraba que fuera el mar, y más aún, que fuera un navegante. Después, los ojos súbitamente se apagaron.

En casi todas las miradas había miedo, y el Minotauro, que desconocía su origen y naturaleza, se pensaba inmortal.

Sentado en la butaca de enea, echaba de menos cosas imprecisas. Estaba seguro de la existencia de algo que no llegaba a definir pero que, sin embargo, añoraba ardientemente.

Nada le aburría tanto como las doncellas, un tributo escuridizo y miedoso en constante fuga atropellada por aquella prisión. Nunca le dejaban que acariciara el tornasol de sus cabelleras.

Las devoraba, y lo hacía con impiedad.

Estaba cansado, muy cansado:

—¿Huyen de mí o huyo de ellos? —se preguntaba estrenando una angustia impropia de un mito.

Siempre los días amanecían iguales. Nada les otorgaba un carácter especial. Sólo algunas noches, como una insistencia, volvía a ver los ojos en los que el azul era una inmensidad diferente del cielo.

Y el Minotauro soñaba cada primavera con otro Minotauro.

THE MINOTAUR

The Minotaur awoke but didn't feel like moving.

The monster had a perfect knowledge of his situation, and was exasperated: He would go around complaining about how distasteful it was to be the object of a labyrinth.

The Minotaur would dream of things that had clear entrances and unmistakable exits. Anything else, especially things related to labyrinths, bored him. Sitting in the middle of that structure, he would kick about impatiently with his black hooves.

"Men are so simple," he would think. "Death is the only fate they know." And, though he killed them, he believed his actions benefited and pleased all who entered the maze.

He did feel excitement once: He had discovered a bluish light in someone's glance. He didn't realize he was seeing the sea in the eyes of a navigator. Afterwards, the eyes slowly darkened.

In nearly all the glances there was fear. The Minotaur, unaware of his own origin and nature, thought himself immortal.

Sitting in his easy chair, he felt a need he couldn't quite articulate. He felt an ardent longing for something he couldn't define.

Nothing bored him more than the maidens, those slippery, frightened offerings fleeing helter-skelter through his prison. They never let him caress their glossy hair.

He devoured them, without regret.

He was tired, so tired.

"Are they running away from me? Or am I running from them?" he wondered, with an anguish unbecoming a myth.

Every day was the same. Nothing gave one day more character than the next. But some nights he kept remembering those eyes whose blue was so very different from the sky.

And every spring the Minotaur dreamed of another Minotaur.

EL HIPOPÓTAMO

Había encontrado (gangas del azar) al hipopótamo en la calle. Llovía desordenadamente, y a la niña debió gustarle el brillo acharolado de aquel cachorro que era como una formidable cómoda holandesa, y con carantoñas y mimos, usando de señuelo el ramillete de flores que llevaba en la solapa, logró persuadir al perezoso e inmenso paquidermo para que la siguiera; y no sin alguna dificultad lo subió a la casa.

Los abuelos, acostumbrados al mal carácter y capricho de la niña, nada dijeron del tan particular invitado (aquella noche, con ánimo conciliador, leerían en un diccionario zoológico todo lo referente a este mamífero, no sin cierto recato ante la agresividad de la palabra mamífero), y, con cuidado, apartaron los viejos muebles de la sala y le hicieron sitio (casi todo el espacio que ocupa en extensión la palabra sitio). Durante muchos años lo tuvieron oculto tal si se tratara de un prófugo en tiempo de guerra (en verdad sentían vergüenza de que los vecinos pudieran descubrir la relación del hipopótamo y su nieta, que no llegaban a aceptar del todo).

Así, niña y animal fueron creciendo, haciéndose adultos secretamente. Sólo de noche, el ruido del ascensor, incansable en la tarea de subir brazadas de hierba y tréboles, hacía sospechar a algunos vecinos que en aquella casa algo raro sucedía.

Agotados por una convivencia tan ardua murieron los abuelos, y la niña tuvo ya ni freno ni pudor para insinuarse al hermoso hipopótamo, que era, al parecer, indiferente a sus encantos; y eso que nuestra intrépida protagonista había conseguido ser una gruesa y sana muchacha de la que apenas se podía deducir su antiguo aspecto humano. Y todo esfuerzo fue baldío, pues, fiel a su especie, el animal soñaba con una idealizada hembra de hipopótamo; en tanto que ella, adulta y solterona, exacerbada en su pasión aún más al ser rechazada, suspiraba mirando aquella inmensa mole suspirar.

THE HIPPOPOTAMUS

It was through a stroke of luck that she found the hippopotamus on the street. It was raining hard and the girl was entranced by the young hippo's swank, glossy sheen (it resembled a formidable Dutch commode). Petting and coaxing it, using the flower she wore on her lapel as a lure, she managed to persuade the immense, lazy pachyderm to follow her. With no small effort she brought it up to her house.

Her grandparents, used to the girl's whims and bad behavior, had nothing to say about this particular guest. They carefully moved aside the old furniture in the living room to make space for it. That night they did relent and read up in a zoological dictionary everything about this mammal, but not without getting embarrassed by the word "mammal" itself. For many years they hid it away as if it were a fugitive in a time of war. The truth is they were afraid the neighbors would discover the relationship between the hippopotamus and their granddaughter, which they themselves hadn't completely accepted.

So the girl and the animal grew up together, reaching adulthood in seclusion. It was only at night that the noise of the elevator, tireless in its task of carrying up armfuls of grass and clover, made the neighbors suspect that something strange was going on in the house.

Exhausted by such a grueling cohabitation, the grandparents died, and the girl no longer had to hold back from or be ashamed of trying to win over the hippopotamus. It, however, remained indifferent to her enchantments, even though she had managed to make herself into such a fat and healthy young woman that it was difficult to deduce her original, human aspect. And all her efforts were wasted, for the animal, loyal to its species, would dream of an idealized female hippopotamus.

Meanwhile the girl became a spinster, and her passion grew stronger the more she was spurned. The two would sit together, the woman sighing as she watched the massive beast sigh.

LOS AMORES PROHIBIDOS

Y conocí a un muchacho que por amor a un rinoceronte había asesinado. Este joven andaba perseguido por moralistas y canonistas, dada su especial inclinación por el rinoceronte. Lo cuidaba con ternura, alimentándolo con hojas de té y tréboles milagrosos de cinco hojas. El muchacho, en cuyos ojos el mar había refugiado su color, demostraba tal cariño por el animal que había llegado a dorarle con finísimo oro su cuerno mítico. Sin embargo, estaba dominado por feroces celos: nadie podía acercarse a la bestia, incluso los pájaros desparasitadores eran apartados de su rugosa piel con un abanico hecho de maclas de feldespato.

Cierto día, otro joven, acusado de practicar la bestialidad con una preciosa jirafa, se atrevió a tocar indecorosamente al rinoceronte. Un disparo, la fuerza de un disparo arrebató la vida al temerario, y marchitó para siempre el cuello de su altísima compañera.

FORBIDDEN LOVES

I knew a youth who, out of love for a rhinoceros, committed murder. Due to his special inclination toward the beast this young man was continually hounded by moralists and canonists. He cared for it tenderly, feeding it with tea leaves and miraculous five-leaf clovers. The young man, whose eyes were the color of the sea, showed such affection for the animal that he decorated its mythic horn with the finest gold. Moreover, he was ruled by a fierce jealousy: he wouldn't let anyone near it; he even used a feldspar fan to drive away the birds that would pick parasites from its wrinkled skin.

One day another young man who was accused of practicing bestiality with a prized giraffe dared to fondle the rhinoceros. A single resounding shot took the fool's life and forever withered the neck of his tall companion.

EL JACARANDÁ

Era adicto al árbol. Nadie ha amado tanto a un árbol como este joven amaba al jacarandá, que una vez al año teñía de violeta indefinido, quizá lila (color de la añoranza, solía decir), el parque al que siempre, de par en par, se abría el balcón de su alcoba:

—También la tarde es violeta, y los pájaros, y el rocío, y la gente que pasa, y mis manos, ¡mirad mis manos! —y las enseñaba a cuantos convivían con él.

Fue un siquiatra, enemigo de la poesía, el que desaconsejó la relación del muchacho y el árbol: Una relación —dijo— viciosa. Y el jacarandá fue podado, mutilado de una manera atroz. Mas esa primavera, sus flores fueron de un azul decidido, y también las mariposas que revoloteaban a su alrededor, y los gestos de sorpresa ante su hermosura, y la luz que invadía la casa. Y, a diferencia del daltónico, incapaz de entenderse con los colores, para él todo fue azul.

Molesto el siquiatra por su fracaso, dispuso, subiéndose en una silla para subrayar su poder, que el muchacho fuera llevado a otra habitación, la última, aquella a la que van a dar todos los pasillos, un lugar sin ventana, sin paisaje, sin atardeceres ni árboles. Allí se le oía suspirar y decir palabras ininteligibles que todos supimos de inmediato se trataban de poemas de amor a su árbol. Sólo cesaba la angustia cuando de noche la niña de la casa, con pasitos cortos y la melena suelta le llevaba ramas del jacarandá. Entonces él se dormía y soñaba unas veces que acariciaba al jacarandá, otras que besaba a aquella muchacha única, y las más de las veces que un siquiatra soberbio le perseguía.

THE JACARANDA

He was addicted to the tree. No one had ever loved a tree like this boy loved the jacaranda which once a year would show off its ineffable violet—it was akin to lilac, what they used to call the color of longing. The entire park just outside the boy's always wide-open bedroom balcony would be dyed violet by the tree.

"And the afternoon is violet, and the birds, and the dew, and the people walking by, and my hands—look at my hands!" And he would show them to everyone living there.

It was a psychiatrist, an enemy of such poetry, who discouraged the relationship between the boy and the tree: "There is," he said, "something depraved about this." So the jacaranda was pruned, mutilated in an atrocious way. But in the spring its flowers returned with a vigorous blue, as did the butterflies which fluttered around it, and the surprised gestures before its beauty, and the light that invaded the house. And, in contrast to the colorblind, who can't differentiate between colors, for the boy everything was blue.

The psychiatrist was frustrated by his failure. Standing on a chair to emphasize his authority, he decreed that the boy should be taken to another room. The last room in the house, where all the hallways led, a room without windows, without scenery, without twilights, and without trees. There he could be heard sighing and whispering garbled words which we immediately knew were love poems addressed to his tree. His anguish would only cease late at night when the little girl of the house, with soft steps, her hair loose, would carry him branches from the jacaranda. Then he would fall asleep and dream, sometimes of caressing the jacaranda, sometimes of kissing that extraordinary girl. But mostly he would dream he was being stalked by an arrogant psychiatrist.

EL AMANTE ABSORTO

De pronto, y cuando el beso rozaba el final de la noche, sintió que la voz del amante se le quedaba escondida en su dentro, allí donde se ocultan las palabras tímidas e indecisas. Quiso toser, devolver inmediatamente aquella voz que tanto quería, y que, fuera de su dueño, apenas importaba. El amante, absorto en el beso, ignoraba la huida. Ella, cada vez más nerviosa, carraspeó, fingió arcadas, hizo lo imposible por devolver la voz antes de que él pudiera advertirlo.

—Qué clase de distracción —se preguntaba— ha dado lugar a que me trague la voz de un amante tan ardoroso en verbos y adjetivos.

Amanecía lentamente. Un amanecer distante y nebuloso como la calada de un cigarro que quisiera hacerse nube, y el muchacho una vez más parecía consumirse en una pasión que tanto le complacía. Pero ella, obsesionada con el accidente, no podía entregarse: Qué hará —se interrogaba— cuando descubra su enmudecimiento. Nunca lo supo. Él se vistió despacio como si estuviera desnudándose, como si esperase nuevamente el principio. Ante la aparente frialdad de ella se arregló el cabello y la miró una vez más con el poder de un silencio aceptado, un silencio que desconocía ser la única alternativa a la expresión, y salió rápido.

Nunca más se vieron.

Cuando supe esta historia olvidé hacer una pregunta: ¿Y la voz, qué hizo ella con la que se había quedado para siempre?

THE CAPTIVATED LOVER

Suddenly, as a kiss brushed against the edge of the night, she felt her lover's voice get stuck deep inside her, where timid, indecisive words tend to hide. She wanted to cough, to immediately spit out the voice she loved but which scarcely mattered apart from its owner. The lover, captivated by the kiss, was unaware of his loss. Becoming increasingly upset, she felt hoarse and wanted to retch, attempting the impossible to return the voice before he noticed anything.

"Wasn't I paying attention?" she asked herself. "How did I swallow the voice of a lover of such burning verbs and adjectives?"

Dawn came slowly, distant and nebulous, like a breath of cigar smoke wishing to become a cloud. Meanwhile the man was once again consumed by passionate desire. But she was so caught up in what had happened that she couldn't get into it. "What will he do," she wondered, "when he discovers he's mute?"

She never found out. He dressed slowly, as if undressing, as if he hoped for things to begin again. Facing her apparent frigidity, he fixed his hair, looked at her once more with a sturdy, accepting silence, a silence unaware it was the only expression available, and quickly left.

She never saw him again.

When I heard this story, I forgot to ask one question: "And the voice—what did she do with the voice that had been forever left behind?"

MI TÍO EL LEVITADOR

A Maria Jesús Alonso

Siendo muy niño acompañaba a mi tío el levitador de pueblo en pueblo, de plaza en plaza. Mientras él levitaba (un ejercicio poco frecuente), me contentaba con verlo ascender en el brillo de mis canicas que eran como ojos, como miradas transparentes deslizándose por las gastadas piedras de las plazas.

Mi tío era respetuoso y nunca ascendía más alto que el vértice de las torres y agujas de las catedrales, y por eso era muy querido por su público, y también por los otros levitadores. Eso sí, ya en el aire, le gustaba rebuscar en sus bolsillos las migajas de pan que las palomas cogían al vuelo. A veces, envuelto como iba en los aleteos de las palomas, la gente lo confundía con un aeróstato, y a él no le molestaba el equívoco. Y cuando se cansaba de jugar con las aves, se quedaba quieto y suspendido (siempre ingrávido), y recitaba viejos poemas, especialmente sonetos que remozaba añadiéndoles algunas sílabas o simplemente dándoles un poco de color. Otras veces se limitaba a hacer malabarismos. En estas ocasiones era muy agradable verle a contraluz. Parecía una sombra insensata y loca que se hubiera escapado de un cuerpo para cazar pavesas en el aire.

Mi tío quería que yo también levitara, pero sólo conseguía que me hiciera hematomas y chichones, y tuvimos que dejarlo, pues vino la guerra y cuando acabó éramos muy pobres, y mi tío, allí en las alturas, se vio precisado—para alimentarse y alimentarme—a anunciar raros productos de ninguna eficacia. Fue—insisto—una época triste; todavía recuerdo cuando, para hacer más rentable el negocio, compró una batería y, ascendiendo con ella, anunciaba medias preciosas de cristal, medias invisibles como el hombre invisible, que en plena noche resplandecían con un éxito ni siquiera logrado por el cine.

Cuando de nuevo las cosas volvieron a su sitio, y la guerra se quedó en un renglón en el libro de la escuela, mi tío dejó de levitar y volvimos al campo a trabajar la tierra; y aun en un oficio tan sencillo conseguía, de forma natural, que en los surcos labrados por los bueyes, en vez de amapolas nacieran espontá-

MY UNCLE THE LEVITATOR

for María Jesús Alonso

As a small child I would accompany my uncle the levitator from town to town, plaza to plaza. While he levitated (a rather exceptional exercise), I was content watching him rise above the brilliance of my marbles which were like eyes, like transparent glances sliding over the worn stones of the plazas.

My uncle was respectful and never rose above the apex of the towers and cathedral steeples, and for this he was adored by the public as well as by other levitators. It's true that he liked to search his pockets while in the air and toss crumbs of bread for doves to catch in flight. Sometimes when he was enveloped by the fluttering doves people would confuse him with a weather balloon, a mistake he found flattering. And, when he tired of playing with the birds, he would hold still, weightlessly suspended, and recite old poetry, especially sonnets which he would renovate, adding a few syllables or simply giving them a bit of color. Sometimes he would juggle. In these moments it was amusing to see his figure against the light. He looked like a foolish, lunatic shadow that had escaped from its body to hunt cinders in the air.

My uncle wanted me to levitate also, but only succeeded in giving me some bumps and bruises. We finally had to stop trying, for the war came and when it ended we were very poor. To feed and clothe us, my uncle was forced into the heights to advertise rare and useless products. It was, I tell you, a miserable time. I still remember when, to make the business more profitable, he bought a drum and took to the air to advertise classy stockings made of glass, invisible stockings (like the invisible man) that shone in the dead of night, better than the movies.

When things got better again, and the war was relegated to a line in a schoolbook, my uncle stopped levitating and we returned to the fields to till the earth. Even doing such simple work, he was able, by natural means, to make not poppies but heliotropes and fuchsias of the rarest tonalities sprout up spontaneously in

neos heliotropos y fucsias de rarísimas tonalidades; y mi tío, que no quería complicarse la existencia, hacía como si no los viera.

Nunca volvió a levitar de día. De noche no lo sé: mi tío era sonámbulo, y yo tenía un sueño muy profundo.

En el punto más alto de mi habitación, he puesto un retrato suyo, y aún sueño que levita.

the furrows left by the oxen. And my uncle, who refused to let his life get too complicated, pretended he didn't see them.

He never again levitated in the daytime. As for the nighttime I'm not sure: my uncle was a sleepwalker, and I a deep sleeper.

I've placed a picture of him at the highest point of my room, and I still dream of him levitating.

CUANDO HUYEN LAS GAVIOTAS

En ella había estrenado las primeras palabras que tienen que ver con el amor. Años más tarde me diría: Míralas, aún las guardo. Después, las cosas se hicieron costumbre y ya sólo la recordaría los días singulares, aquellos que traen la lluvia y son maestros en añoranza. También la recordaba cuando las gaviotas huían de los acantilados para refugiarse en la espesura de lo interior.

Los años habían tomado la curva del olvido, incluso rebasándola, cuando me hablaron de ella. Resultaba extraño a mi interlocutor que yo hubiera mantenido una relación tan viva con una muchacha tan especial:

—Entonces no lo era —exclamé sorprendido. Y así supe que había ido palideciendo con los años hasta ser la hermosa criatura que su familia sacaba a pasear en medio de grandes precauciones.

—Dicen —continuó mi confidente— que es toda de azúcar: un extraño caso de transformación de la carne. Es blanca y de azúcar.

—¿Y sus palabras, cómo son sus palabras? —volví a preguntar.

—Oh, no tiene —se apresuró a responderme—, ya no tiene palabras; a veces, si se le insiste, abre una caja de pastillas para la tos y exhibe sus tristes sílabas que son fáciles de confundir con cromos y pétalos de rosas. Pero —subrayó— ya no tiene palabras.

WHEN THE SEAGULLS TAKE FLIGHT

It was in her that the very first words relating to love had emerged. Years later she would tell me, "Look at them, I still have them." Later on, things settled into a routine and I would only think about her on those singular days that bring a rain infused with longing, or when the seagulls would flee the cliffs and take refuge in the dense interior.

The years had taken the shape of oblivion and had overcome her when I heard of her again. It seemed strange to my interlocutor that I had had such a lively relationship with such a unique girl:

"But she *wasn't* then," I exclaimed with surprise. And thus I realized how pale she had grown over the years, until becoming that beautiful creature whose family would take her out only with great precaution.

"They say she's made totally out of sugar," he continued. "It's an unprecedented case of transubstantiation. She's all white and made of sugar."

"And her words? What are her words like?" I asked.

"Oh, she doesn't have any," he hurried to tell me. "By now she doesn't have any words. But sometimes, if you insist, she'll open up a cough drop box and show you her sad syllables, which you could almost confuse with rose petals. But," he emphasized, "she has no words."

EL VISITANTE

Era la que vive con un ángel, un ángel prófugo y secreto, un ángel avergonzado por la comisión de una torpeza histórica. Aquella criatura celeste en un momento de negligencia, sorprendida tal vez por el vuelo de una estrella fugaz, había abandonado a su hombre cuando éste cruzaba imprudentemente una calle. Aún recordaba el terrible ruido, el golpe y el oh pavoroso de otros ángeles, testigos secretos de su imprudencia. Durante seis meses llevó las alas teñidas de negro, y nadie le vio sonreír; tampoco acudió más a los ensayos de los coros angélicos, y se dedicó a vagar entre nubes aborregadas y dispersas. Al fin un día se decidió por aquella casa. Fue una decisión voluntaria pero en la que había mucho de la resignación de los exiliados.

Al principio ella lo trató como a un huesped cualquiera, incluso fingió no fijarse en las alas, ignorar su condición. Más tarde, resuelto el misterio entre ambos, para hacerlo más suyo le propuso amputarle las alas, así tendría no al ángel, sino al hombre que tanto deseaba. Pero él se negó.

Nunca se supo qué clase de relación unía a una muchacha melancólica y a un ángel tan hermoso. A veces, él permanecía indolente en el lecho, una cama blanquísima adornada de encajes y grandes iniciales, bebiendo cerveza y hojeando viejos periódicos de crujir amarillo (eran muchas las cosas que debía cononcer); otras acurrucados el uno junto al otro, se sorprendían frente al televisor con la inteligencia de quienes suelen acudir a los concursos televisivos. Ella se limitaba en mitad de la noche a peinarle las plumas de las alas inmensas, y él bostezaba a gusto como si empezara a olvidar un asunto imprudente. Y en agosto, en las cálidas noches de agosto, subían abrazados a una terraza diminuta, y allí, él, con voz pausada le iba explicando la geografía angélica de los mundos distantes.

THE VISITOR

She was living with an angel. A fugitive, secretive angel ashamed of having committed an extraordinary blunder. A celestial creature who in a careless moment (surprised perhaps by the flight of a shooting star) had abandoned the human in its charge when the latter was carelessly crossing the street. It still remembered the terrible noise, the impact, and the frightful "Oh!" of the other angels, secret witnesses of the slip-up. For six months the angel wore its wings dyed black, and no one saw it smile. It never again rehearsed with the angelic choirs, choosing instead to wander among the small, isolated clouds. One day it finally decided on the woman's house. It was a voluntary decision, though carrying with it the resignation of exile.

In the beginning she treated it like any other guest, even ignoring its condition, pretending not to notice its wings. Later, when there was no longer so much mystery between them, she offered to amputate its wings so it would feel more at home. Thus, instead of an angel, she'd have the man she always wanted. But it refused.

No one knew what kept them together, the melancholy girl and the beautiful, beautiful angel. Sometimes it would remain indolent, in its brilliant white bed adorned with large inlaid initials, drinking beer and leafing through old magazines with yellowed pages (there was so much it had to learn). Other times they would curl up together in front of the television, always amazed by the intelligence of the game show contestants. In the middle of the night she would brush out its immense wings, and it would yawn contentedly, as if forgetting some useless bit of knowledge. And in August, on the hot August nights, they would go out onto the small balcony, and there, arm in arm, it would haltingly describe to her the angelic geography of distant worlds.

ACUARIO

Tiende el agua a ocupar el espacio que el amor no alcanza.
*

Toma el agua la imagen y devora su fondo.
*

Al anochecer, los bañistas persiguen la luna.
*

La profundidad es la noche del océano.
*

Nadie puede bañarse dos veces en el mismo recuerdo.
*

Las sirenas nadan entre el espejismo y el deseo.
*

La lluvia sobre el mar es asonante.
*

La gota que derrama el vaso no llena el océano.
*

Hay buzos con vocación de psiquiatras que quieren descender al inconsciente.
*

El tiburón nace en la pesadilla y muere en el mar.
*

El espejo es una instantánea del río.
*

El oriente de las perlas mira a la Meca.
*

Cuando el agua quiere volar, se hace cascada.
*

Ofelia se ahogó en el azogue de un espejo.
*

Vive el náufrago entre la esperanza y la antropofagia.
*

El agua al evaporarse cree en la reencarnación.
*

La sed es el sueño del barro.

AQUARIUM

Water tends to occupy the spaces love cannot reach.
*

Water takes an image into its depths and devours it.
*

When night falls, bathers chase the moon.
*

Depth is the ocean's night.
*

No one can bathe twice in the same memory.
*

Mermaids swim in the space between mirage and desire.
*

Assonance: rain falling on the sea.
*

A drop spilled from a glass will not fill the ocean.
*

Divers are like psychiatrists, always descending into the depths.
*

Sharks are born of nightmares and die in the sea.
*

A mirror is the snapshot of a river.
*

Pearls gleam towards Mecca.
*

When water wants to fly it forms a waterfall.
*

Ophelia drowned in the quicksilver of a mirror.
*

Shipwrecked sailors live somewhere between hope and cannibalism.
*

Evaporating water believes in reincarnation.
*

The mud has dreams of becoming thirsty.

*

La lágrima está formada de dolor y nube.

*

La flotación es un principio frívolo y póetico de la naturaleza.

*

El mar teme caer en la tierra

❋

A tear is half pain, half cloud.

❋

Flotation is one of nature's frivolous, poetic principles.

❋

The sea is afraid of falling into the earth.

ÁNGELES DE LA DESESPERACIÓN Y EL ABANDONO

El ángel del ciego es tacto.
*

El ángel del suicida tiene forma de grito.
*

El ángel del ladrón roba sombras.
*

Si el ángel siente vértigo el paracaidista perece.
*

El ángel del sediento tiene palabras de polvo.
*

Vive el ángel de la melancolía bajo un sauce llorón.
*

El ángel del solitario vive en otra casa.
*

El ángel del río atraviesa el espejo y muere.
*

Nadie acepta los servicios del ángel del asesinado.
*

El ángel de la envidia tiñe en el arco iris sus alas.
*

El ángel de la impotencia tiene amputadas las alas.
*

El ángel del amor oscuro tiene el pubis traspasado por un puñal.
*

Se adorna el ángel de la envidia con alas postizas.
*

Llora el ángel del muerto su desolación, y como una joven viuda busca un nuevo hombre.

ANGELS OF DESPERATION AND ABANDONMENT

The blind man's angel is touch.
*

The suicide's angel has wings that shriek.
*

The thief's angel steals shadows.
*

If the parachutist's angel experiences vertigo, the man dies.
*

The thirsty man's angel speaks words of dust.
*

The angel of melancholy lives beneath a weeping willow.
*

The lonely man's angel lives in a different house.
*

The river's angel dies when passing through a mirror.
*

No one accepts the services of a murdered man's angel.
*

The angel of envy dyes its wings with rainbows.
*

The angel of impotence has amputated wings.
*

The angel of doomed love has a pubis pierced with a dagger.
*

The angel of envy adorns itself with prosthetic wings.
*

The dead man's angel weeps desolately and, like a young
widow, seeks out a new lover.

LA FIESTA

A un gesto del anfitrión, los músicos dejaron de tocar; el servicio suspendió su diligencia, y hasta las sombras, nacidas de los reflectores, parecieron acartonarse. Y el anfitrión hizo un nuevo gesto:

—Amigos míos —dijo reverencial a cuantos asistían a la fiesta—, permitidle que pase.

Los invitados cesaron en su alboroto, y las palabras, hechas súbitamente estatuas de sal, se perdieron por los corredores de la desmemoria.

Entonces, como un espejo imposible, la figura de Salomé portando la cabeza de El Bautista cruzó el jardín; tras la mujer, una jauría de perros fantasmas y el grito de Herodías acentuaban el valor del drama.

Y todo ocurrió con la rapidez necesaria para que las perlas perdieran el oriente, y para que el rouge en los labios se oscureciera hasta llegar al sabor mismo de la sangre.

En la lejanía, casi rozando el horizonte, los pavos reales abrieron la desmesura de sus colas. Y nunca más la fiesta fue la misma.

THE PARTY

At a gesture from the host, the musicians stopped playing. The servers stopped waiting on people, and even the shadows seemed to stiffen. The host gestured again:

"My friends," he said, addressing the partygoers, "let her through!"

The guests abandoned their commotion, their words lost like pillars of salt in the corridors of oblivion.

Then, like some immaculate mirror, the figure of Salome carrying the Baptist's head crossed the garden. Behind her, a pack of ghostly dogs and a shouting Herod accentuated the drama's impact.

Everything happened so quickly. The women's pearls lost their luster and their lipstick darkened to the point that it tasted like blood.

In the distance, almost at the horizon, the peacocks opened their elaborate tails. And the party was never the same.

LA IMPORTANCIA DE SER UN MUCHACHO EMPRENDEDOR

Era un muchacho emprendedor que vivía bajo el cielo desnudo de Bangladesh, un muchacho que para sentir el calor de la riqueza vendió uno de sus riñones a un americano filatélico y con un diente de oro de 22 quilates. Aquella hazaña le valió el respeto y la consideración de cuantos le conocían, y él, que era ingenuo y generoso, pensaba en la extraordinaria pericia de los cirujanos que habían sabido arrancarle un riñón sin apenas notarlo.

De noche, después de invitar a beber con sus nuevos billetes a sus vecinos, solía —sintiéndose por primera vez importante— contarles historias maravillosas, y les hablaba de cómo eran los efectos de la anestesia: Mitad alcohol y mitad sueño. Y también les hablaba de la vida del americano filatélico y con un diente de oro de 22 quilates:

—Si vierais —les decía— el lujo de su existencia: Su casa en Nueva York está en un edificio de mil metros de altura, y él vive en el piso más alto. Doscientas mujeres le suben constantemente el agua en cántaros del plástico más verde que hayáis imaginado nunca. Tiene búfalos y elefantes que duermen junto a él para darle calor, y cuando se aburre abre las ventanas para acariciar a las nubes que son sus amigas.

Sólo cuando la noche se hacía más densa, les hablaba de su riñón, del que estaba en América:

—Me acuerdo tanto de él —les decía—, era tan rojo y tan hermoso. En verdad —proclamaba— es una suerte haber colocado un riñón en el cuerpo de un señor tan importante.

Y la gente, que no sabía de esas cosas, lo miraba con envidia.

AN ENTERPRISING YOUNG MAN

An enterprising young man living beneath the naked sky of Bangladesh wanted to become rich. So he sold one of his kidneys to an American stamp collector with a twenty-two carat gold tooth, a feat that earned him the respect and admiration of all who knew him. He was naïve as well as generous, and he would think about the extraordinary skill of the surgeons who had been able to extract one of his kidneys while hardly leaving a mark.

At night, he would use his newfound cash to invite his neighbors to drink. Feeling important for the first time in his life, he would tell them fantastic stories. He would tell them about the effects of the anesthesia: "It was half alcohol and half dream." And he also talked about the life of the American stamp collector with the twenty-two carat gold tooth: "If you could only see how magnificently he lives! His house in New York is a building a thousand miles high, and he lives on the highest floor. Two hundred women work around the clock to carry his water up in the greenest pitchers you can imagine. He has buffalos and elephants that sleep next to him and keep him warm. When he gets bored he opens the windows to caress his mistresses, the clouds."

Only when the night was at its densest would he speak to them of his kidney in America: "I remember it so well," he told them. "It was red and so beautiful. I'm lucky to have donated a kidney to the body of such an important man."

And the people, who knew nothing of these things, looked upon him with envy.

ANTE EL ESPEJO

—¡No lo haga! —le supliqué. Pero ella, decidida y envuelta en los encantos de su juventud, avanzó sin ni siquiera oírme. Supe que estaba resuelta, que nadie la apartaría de un destino fatal. Y continuó, muy deprisa, hasta hallarse frente a sí misma en el espejo. No, no se miró, ni dudó. Se lanzó, dando un salto magnífico (la envidia de un campeón) a la superficie helada del cristal; y yo me limité, lágrimas en los ojos, a apagar la luz de aquella habitación estúpida—: Nunca más —grité— habrá luces y fulgores en la tenebrosa luna de este espejo.

Y salí, dejando en la oscuridad para siempre a aquel monstruo, aquel falso río seductor y terrible. Estaba seguro, tarde o temprano un espejo muere en la oscuridad.

Días más tarde —lo supe por la prensa— su cuerpo fue encontrado en la luna de otro espejo distante, en una pequeña ciudad de provincias que ni ella ni yo habíamos visitado nunca, y en la habitación de un joven huidizo y romántico. Y también supe que un forense muy hábil, al descubrir las huellas secretas de su muerte, quedó atónito ante el refulgir de plata de sus vísceras.

IN FRONT OF THE MIRROR

"Don't do it!" I begged her. But she was determined, wrapped up as she was in the charms of her youth. She went ahead, not even hearing me. I knew she was resolved, that no one could rescue her from her deadly fate. She kept going, hurrying until she found herself in front of the mirror. No, she didn't look at her reflection, and she didn't hesitate. She launched herself, leaping magnificently into the frozen glass surface.

All I could do in that stupid room, with tears in my eyes, was shut off the light. "Never again," I shouted, "will a light shine on this menace of a mirror!"

And I left, leaving behind that monster, that seductive, false river to eternal obscurity. I was certain that sooner or later mirrors die when left in darkness.

Days later—I read it in the news—her body was found on the surface of a distant mirror, in a small provincial city neither she nor I had ever visited, in the bedroom of a flighty, romantic youth. I knew that a talented forensic scientist, uncovering the secrets of her death, was standing aghast in front of the mirror's shining, silvery depths.

EL AULLIDO

Estaban sentados frente a frente, y, para mantenerse distanciados y ajenos, hacían solitarios. En la calle, la urgencia del ir y venir de los coches se reducía a un rumor:

—Tan distinto al de las olas —murmuró uno de los hombres abandonando por un instante el solitario. El otro besó el As de Corazones. Indudablemente era un emocional histérico, y ya más tranquilo volvió a sumirse en la tristeza de los naipes. Fue en ese instante cuando la perra aulló. Aulló largo y despacio, desesperada e incansablemente. Los hombres dejaron las cartas en el verde sin vida del tapete. La muchacha, rigurosamente vestida de uniforme, entró trayendo una bandeja. En ella todo estaba dispuesto para el vértigo del martini. Antes de retirarse comentó: —Le han matado los cachorros; no es bueno tanto animal bastardo en esta casa.

Oscureció como oscurece en las películas de Peter Greenaway, es decir, de una manera artificial, casi plástico, y la perra siguió aullando. De pronto, a uno de los gritos, la luna del espejo que reflejaba la soledad de aquellos hombres se abrió. El cristal no había soportado la fuerza del aullido. Luego, la herida del espejo manó sangre. Uno de los jugadores quiso tocarla, sentir en el tacto el dolor de aquel rojo. El otro, sin mirarlo, lo retuvo: —No la toques —le dijo—, ¿no te has dado cuenta de que es sangre de perro? Sólo eso.

THE HOWL

They were sitting across from each other. To stay detached, to keep a distance between them, they were each playing solitaire. The urgency of the cars passing outside on the street was reduced to a murmur.

"So different from the waves," muttered one of the men, abandoning the game for a moment. The other, clearly high-strung, kissed the Ace of Hearts. This seemed to calm him and he again immersed himself in the sadness of the cards. At this instant a dog howled. A long, slow howl, desperate and tireless. Woodenly, the men dropped their cards to the table. A girl in a precisely tailored uniform came in, carrying a tray with everything necessary to commence the dizziness of a martini. Before leaving, she said, "They killed its pups — we're tired of so many bastard animals in this house."

Night fell with the artificial, plastic darkness of a Peter Greenaway movie. And the dog kept howling. Abruptly, the glass of the mirror which was reflecting the two men's loneliness shattered. It couldn't withstand the force of the howl. Blood began to flow from the mirror shards. One of the players wanted to touch it, to feel the pain in its redness. The other, looking away, stopped him: "Don't touch it," he said. "Don't you realize it's just dog's blood? Nothing more."

CRÓNICA DE LA LLUVIA

Uno de sus pezones era rojo, tibio, casi carnal; el otro, azul, parecía hecho para la caricia de la muerte. También recordaban la lujosa grifería de una bañera de porcelana.

*

Se cuenta de una mujer que fue devorada por la luna. Y se dice que sus gritos eran de plata.

*

Nunca escribas estas palabras en una misma línea: tigre y paloma, pues es fácil que la primera devore a la segunda.

*

Lo más curioso fue ver cómo el granjero tenía anclada una nube en la puerta de su choza: Es muy dócil —me explicó— y la ordeñamos tres veces a la semana. Más no necesitan nuestras tierras.

*

Supe que era el asesino del mar, porque tenía las manos teñidas de azul.

*

—¡Es un cisne violador! —me gritó asustada la muchachita, señalando el erguido cuello de un cisne terrible. Y yo, que por extrañas interferencias compartía sus sueños, le propuse al instante cambiar de pesadilla.

*

Las muchachas llegaron corriendo: ¡Oh, el mar, el mar —gritaban—, hay una ola de oro!

*

Se lo pedí, se lo pedí como un niño suplica lo imposible: se descalzó, se quitó el chándal y anduvo sobre el mar toda la noche.

*

Era un bosque de infinitos árboles, y cada árbol tenía un columpio, y en cada columpio un niño muerto esperaba la resurreción de la carne.

*

Me preguntó un muchacho con los ojos llenos de atardecer: ¿Cuando yo muera se parará el mar? Y preferí no desilusionarlo.

CHRONICLE OF THE RAIN

One of her nipples was red, tepid, carnal; the other, blue, looked made for death's caress. They also brought to mind the luxurious faucets of a porcelain tub.

✻

There's a story of a woman who was devoured by the moon. It's said that her cries were made of silver.

✻

Never write the words "tiger" and "dove" in the same line, for the first may devour the second.

✻

I was fascinated by the cloud the farmer kept anchored to the door of his shack: "It's very docile," he explained, "and we milk it three times a week. That's all the land needs."

✻

I knew that he had assassinated the sea, for his hands were stained blue.

✻

"That swan is a rapist!" the frightened girl shouted at me, pointing at the erect neck of a ferocious swan. And I, who through some strange interference shared her dreams, proposed at that instant that we exchange nightmares.

✻

The girls came running: "The sea, the sea!" they shouted. "There's a wave made of gold!"

✻

I asked her to, I asked her like a child asking for the impossible: she took off her shoes and clothes and walked all night long on the sea.

✻

It was a forest of infinite trees, and each tree had a swing, and in each swing was a dead child waiting to be resurrected.

✻

A boy whose eyes were darkening asked me, "When I die, will the sea cease to exist?" I chose not to disillusion him.

LA PEQUEÑA MODELO

Tuve la impresión de que el estudio estaba vacío. Un momento propicio —pensé— para indagar todo lo que tuviera referencia con la modelo: una niña que había acaparado, hasta el agotamiento del público, los espacios más tiernos de la publicidad infantil.

Lu luz, discreta, buscada de propósito, lograba simplificar volúmenes, rehuir sombras y dar a lo más lejano, una agobiante sensación de proximidad.

Me gusta provocar el eco en las casas deshabitadas, y, por analogía, di un grito absurdo, histérico e inmotivado, frente a los telones suavemente pintados que el fotógrafo atesoraba por simple coleccionismo. No ocurrió nada. Quizá mi voz se había perdido una vez más entre los espejos que con forma de biombo se abrían a un pasillo interior de mármol muy gastado. Entonces creí ver, allí en el suelo, la flor pisoteada de un heliotropo. Había algo de fósil en su fragilidad herida. Era como una huella intentando perpetuarse en el mármol. Los pétalos se repitieron una y otra vez, como una indicación por el pasillo. Al poco perdieron la referencia floral para ser sólo gotas de un rojo vivísimo, gotas de sangre. Y decidí llegar hasta el final.

Tuve la impresión de que el pasillo se multiplicaba. Me parecía caminar por un espejismo insoportable; cuando las gotas señalaron una puerta, la abrí.

En una habitación pequeña decorada en tonos sepias, estaba la niña. La reconocí de inmediato; mas nunca la hubiera imaginado en aquella actitud. Grosera y descarada, devoraba sin observar ninguna de las reglas convencionales del arte del buen comer, un chivito. El animal estaba aún vivo y balaba sin cesar. Le arrebaté de un golpe a la víctima, y me apresuré, arrojándola desde la única ventana de aquel cuartucho a un patio interior, a aliviar sus sufrimientos. Hecho, la miré atentamente. Estaba más pálida que nunca, y también su traje, el disfraz de niña pobre, aparecía manchado de sangre. Intenté hablar con ella, mas su vulgaridad me contuvo. Empezó a reir, lo hacía a carcajadas, convulsivamente como lo hubiera hecho una vieja prostituta. De pronto se serenó.

THE TINY MODEL

I had the impression that the study was empty. It seemed like the right moment to find out about the model. She was a girl who had cornered the market on the most tender spaces of childhood celebrity—to the point of the public's exhaustion.

The light was scattered, unobtrusive. It simplified the room's spaces, chased away shadows, and made things that were distant seem suffocatingly close.

I like to make empty houses echo. I gave an absurd shout, hysterical and pointless, and nothing happened. Perhaps my voice got lost in the foldout mirror which opened up to reveal a broken down marble passageway. It was there I saw what looked like a trampled heliotrope blossom on the floor. There was something fossil-like in its wounded fragility. It was like a fingerprint trying to survive on the marble. Petals were scattered along through the corridor, leaving a path. After a while the flowers disappeared, replaced by vibrant red drops of blood. I decided to follow the trail to its end.

I had the sense that the corridor was multiplying. I felt like I was walking through an unbearable mirage. And when the drops finally led to a door I opened it.

In a small bedroom decorated in sepia tones was the girl. I recognized her immediately, though I never imagined she'd look like this. Grotesque and shameless, ignoring every norm of proper eating, she was devouring a small goat. The animal was still alive and bleating desperately. I quickly snatched the victim away and, to relieve its suffering, hastily tossed it from the room's only window onto an interior patio. This done, I looked at her more closely. She was paler than ever, and her dress, her poor-girl attire, was stained with blood. I tried talking to her, but her vulgarity stopped me cold. She began to laugh, cackling convulsively, as if she were an overage prostitute. After a while

Sus ojos oscuros se llenaron de lágrimas:

—Sáqueme de aquí —suplicó con la voz que yo deseaba para ella—, nada me aburre tanto como la sonrisa de un gato sin cuerpo y los conejos impertinentes. Los espejos son fríos y a veces tienen manchas desagradables. Sáqueme de aquí, no quiero ser Alicia ni un minuto más, y menos la musa de un pastor morboso y aburrido.

she calmed down and her dark eyes filled with tears.

"Take me away from here," she begged, now with the voice I wanted her to have. "I can't take it anymore—that disembodied cat's smile, the insolent rabbits. The mirrors are so cold, and sometimes they have the most repulsive stains. Take me away from here! I don't want to be Alice anymore, and I can't stand being that gruesome preacher's muse!"

LA NIÑA

Empezábamos a comer cuando la niña, tras sacudir sus preciosos tirabuzones, se cruzó de brazos.

—Sólo comeré —dijo— si me dais mi muñeca.

Se trataba de una preciosa réplica de la niña. Se diría que era su versión artificial; y como ocurre frequentemente con algunas rosas, más bella aún que su modelo.

Al fondo del salón, sobre una butaca filipina, el gato miraba curioso un cojín en el que una mano bordadora había dibujado su retrato. El gato estaba apasionado con su propia imagen.

Ya con la muñeca en brazos, con tenacidad, sin que los padres hicieran nada para impedirlo, la niña fue descoyuntando el juguete, empleando una técnica similar a la utilizada por el gastrónomo de gustador de crustáceos.

Impresionaba ver con cuánto afán deglutía el celuloide. Cuando nada quedó de la muñeca, haciendo una reverencia, sonrió feliz. Al poco, sin descomponer la figura, tuvo un flato.

Fue entonces, sólo entonces, cuando los padres la separaron del grupo de los mayores.

Un invitado hizo comentarios de una época anterior, de otras excentricidades de la rara criatura, de cómo había añadido a su deliciosa casa de muñecas una guillotina, una maqueta de rara factura, y de cómo algunas noches antes de dormir (de otra forma no podía conciliar el sueño), se ejercitaba en el oficio de verdugo con pequeños pinzones y jilgueros. Y no supe más, pues una anciana con exquisito tacto, me indicó que era inadecuado, socialmente incorrecto, dedicar tanta atención y tiempo al mundo de los niños, aunque éstos tuvieran costumbres evidentemente extrañas; y, tomándome de la mano, me condujo a la pista de baile.

THE GIRL

We were about to eat, when the girl shook out her precious curls and folded her arms.

"I will only eat," she said, "if you give me my doll."

At issue was an exquisite replica of the girl. You could say it was an artificial version of her. And, as frequently happens with certain types of roses, it was more beautiful than its model.

On a Filipino armchair at the back of the room, the cat was looking curiously at a cushion in which its portrait had been hand-embroidered. The cat seemed passionate about its own image.

Now holding the doll, the girl was tenaciously tearing it apart, employing techniques similar to those of a gastronome working on a crustacean. Her parents did nothing to stop her.

It was impressive to see how eagerly she swallowed the plastic. When nothing of the doll remained, she curtsied, smiling pleasantly. Shortly after, without making a face, she broke wind.

It was only then that the parents made her leave the room.

A guest commented on an earlier time, other eccentricities of this strange creature. How she had installed a guillotine—a rare model—in her gorgeous dollhouse. How at night before sleeping (it was the only way she could fall asleep) she would execute bullfinches. And that's all I learned, for an old woman of exquisite tact observed that it was improper, socially incorrect, to dedicate so much time and attention to the world of children, though these clearly had mysterious ways. So, taking me by the hand, she led me onto the dance floor.

EL TREN

Nunca tuvo una clara conciencia de por qué había tomado aquel tren. No recordaba el principio del viaje, la estación a la que sin duda adornarían, como en todas las estaciones, un sinfín de referencias literarias: los poemas en los que un autor anónimo alza la mano trazando en el aire el dibujo de un abrazo imposible; el dolor compartido; la extraña metáfora de llegar; la obsesiva costumbre de esperar a quien no desea ser esperado; los sencillos colores de la añoranza. En verdad, había olvidado el inicio del viaje.

Intentaba recordar la silueta del tren. Le gustaría rescatarla del olvido, no tener que contentarse con los croquis y diseños que la compañía ferroviaria colocaba en los pasillos para dar la sensación de estar en estas cosas al día.

Frecuentemente se cruzaban con otros trenes. Entonces oía los silbidos como una alarma, como una queja perdiéndose en la noche. Y distinguía una luz cenicienta en sus vagones vacíos.

Le gustaba la dimensión del tren, el nerviosismo visual de los paisajes a su paso. Se diría que era siempre el mismo paisaje, un paisaje loco.

Para matar la soledad —se había dado cuenta tardíamente de que él era no solo el único pasajero de aquel tren, sino de todos los trenes— se levantaba y ordenaba una y otra vez el equipaje de mano (tenía, aun en aquellas circunstancias, la obsesión de orden). También acudía con frecuencia al vagón restaurante. Allí le parecía escuchar las voces de otros pasajeros. Cuantas veces lo hacía, una copa recién escanciada le estaba esperando.

Y cuando, tras ir y venir a aquel vagón, su ansiedad disminuía, y el alcohol lo llevaba por las paralelas irreales del optimismo, soñaba vehemente que la estación estaba próxima, y las lágrimas le bañaban el sueño, pues, aun dormido, sabía que el despertar sería amargo, y que con la resaca llegaría la certeza de que ninguna estación era la suya.

THE TRAIN

He was never really sure why he had taken that train. He didn't remember the beginning of the trip or the station that was undoubtedly decorated, like all stations, with an endless array of literary references: poems in which an anonymous writer raises a hand to trace the air with the figure of an impossible embrace, shared pain, an uncanny metaphor for arrival, the obsessive habit of waiting for someone who doesn't want to be waited for, the simple colors of longing. He had truly forgotten the beginning of the trip.

He tried to remember the train's silhouette. He wanted to rescue it from oblivion, to contemplate something besides the sketches and designs the railroad company had placed in the corridors to give the impression that it was fashionable in such things.

They would frequently come across other trains. Then he would hear the whistles like an alarm, like a murmur getting lost in the night. And he could see lights like glowing embers in their empty cars.

He liked the dimensions of the train, the nervous sights of the passing landscapes—though you could say it was a single, mad landscape.

Only lately had he realized that—not only on this train, but among all the other trains as well—he was the only passenger. To kill his loneliness he would constantly get up and rearrange the luggage (he was, even in those circumstances, obsessively neat). He would also frequent the dining car, where it seemed he could hear the voices of other passengers. As often as he went, a freshly-poured drink awaited him.

After returning from there, his anxiety lessened and the alcohol carried him toward an unrealistic optimism. He would vehemently dream that the station was approaching. Tears would bathe his dreaming, for even asleep he knew that waking would be bitter, and along with the hangover would come the certainty that no station would ever be his.

LA CIUDAD

De noche dejo las ventanas abiertas para ver mejor la ciudad. Sus luces surgen esplendentes ahuyentando los fantasmas del miedo y dando la impresión de esa estética urbana que confunde en una sola todas las ciudades, trasladándolas a una extraña geografía metafísica. Sin embargo —me digo—, mi ciudad es distinta. Con una arquitectura sofisticada de rasgos modernistas, aparenta seguir las viejas costumbres burguesas.

Ya somos pocos los que la habitamos. Los antiguos pobladores, con los que en otros tiempos había coincidido en bancos y mercados, están muertos o son sólo sombras.

Como un anillo amenazante, los montes nos rodean. Somos una especie de isla cercada por altísimos y terribles montes. La gente empezó a huir cuando se supo que la precisa tipografía municipal y el servicio del catastro habían advertido que el anillo amenazante se iba cerrando sobre nosotros. Día a día la superficie de la ciudad iba disminuyendo.

Lo primero en desaparecer fue el aeropuerto. Su pista, casi de circo, fue, más que engullida, paladeada por una tierra devoradora y terrible. Durante algunos meses vimos —cosas de la querencia— al avioncito (casi un tranvía aéreo) volar desconcertado sobre la ciudad, como si le pareciera imposible haber perdido su lugar en el suelo. La memoria asocia el avión con las golondrinas que tampoco han vuelto.

A veces, al oir crujir las casas de los arrabales ante el empuje de las rocas, el sueño se interrumpe. Ver allí abajo la ciudad iluminada, tranquiliza. Los amaneceres son más agrios, el cielo parece reducirse y la ausencia de aves sobrecoge.

Todo —dicen— acaba en fósil. Mas los que aún guardamos el recuerdo de sus calles asociado a una infancia hecha nostalgia, conservamos la esperanza de que algo pueda salvarse, al menos mientras la ficción se sostenga y las luces titilen en las madrugadas de frío y desasosiego. Sabemos que es falso, que las luces nada tienen que ver con la soledad de esas casas, pero verlas ahí, al borde mismo del sueño, realmente consuela.

THE CITY

At night I leave the windows open to get a better view of the city. Its lights spring up superbly, driving away the ghosts of my fear and creating that urban mystique shared by all cities: a strange, metaphysical geography. Nevertheless I tell myself that my city, with its sophisticated architecture and modern flourishes that seem to avow some ancient bourgeois tradition, is unique.

Few of us still live here. The former inhabitants, those who used to work in the markets and banks, have either died or been reduced to shadows.

Mountains surround us like some ring of malevolence. We are a sort of island, fenced in by awesome, towering peaks. People began to flee when the municipal mapmakers and local disaster services warned that the ring of mountains was closing in on us. Day by day the city's surface area was decreasing.

The airport was the first thing to disappear. Its runway, almost circus-like, was not so much gulped as savored by the devouring earth. For several months we saw a small plane (it looked almost like a flying bus) fly over the city, disconcerted, as if it couldn't believe it had lost its place on the ground. In my memory I associate the plane with the swallows, which have also failed to return.

At times the crunching sound of rocks pushing against sub-urban homes interrupts my sleep. I look out and see the city, illuminated and tranquil. At daybreak I become bitter as I observe the shrinking sky. The absence of birds overwhelms me.

In the end, everything turns to stone. Or so they say. But those of us who remember the city's streets—associated with an infancy lost to nostalgia—maintain the hope that something can be saved. For now this fiction can sustain itself, and the city lights titillate in the cold disquiet of the early morning hours. We know it's false, that the lights have nothing to do with the loneliness of these houses, but to see them there at the edge of sleep truly consoles us.

ELEGÍA

Cuando murió, durante muchos días supe que sería suficiente con marcar su número para que ella misma me hablase de las excelencias del tiempo y de algunas noticias íntimas (estaba seguro que evitaría tratar de su propia muerte). Sin embargo, desconociendo yo la estética de los muertos, y el placer de sus conversaciones, me limitaba a apoyar la cabeza en el teléfono, y, sin descolgarlo, lloraba recordando su voz.

ELEGY

After she died, I spent my days knowing I would only have to dial her number and she would talk to me about the intricacies of the weather, or maybe give me some intimate news (I was certain she would avoid talking about her own death). Nevertheless, I was unfamiliar with the etiquette of the dead and didn't know what they expected to talk about, so I just leaned my head into the telephone and, without picking it up, wept, remembering her voice.

TATUAJES

"Cómo puedo dibujar una hermosa muchacha en tu pecho —dijo descarado el maestro al Tercer Emperador—, si la única muchacha digna de ti está tatuada en el mío."
*

En el seno de la geisha Tsieou Kin, una mano experta había dibujado una abeja de oro que libaba del pezón rosáceo de la muchacha. Al parecer, esta fue la causa de la ruina del segundo Shogun de la familia Minamoto.
*

Tuvo un sueño de agua, un sueño fluido que acababa en la irregular transparencia de un estanque. En él, los paisajes más lejanos, los lugares secretos de la infancia se dibujaban en la inversión nostálgica de lo imposible. El vuelo reflejado de un ánade le hizo dudar de la realidad del sueño, y para probarse se pensó muchacho nadador y desnudo. Al despertar vio en su pecho la gracia de una carpa dibujada por una mano amiga.
*

Para engendrar un hijo perfecto, Madame Tai se tatuó un ángel en el vientre.
*

"Amor y arte se explican en un mismo espacio," dijo el anciano maestro mostrando el desnudo prodigioso de un jovencito al que había tatuado una paloma sorprendida por un halcón en su espalda. Esta anécdota se cuenta del maestro de tatuajes del segundo Emperador Retirado, pintor muy conocido tanto por la liberalidad de sus costumbres como por lo equívoco de sus palabras. Durante el shogunato de Minamoto, este cuentecillo estuvo prohibido.
*

Al severo shogun Ieyasu se le debe esta advertencia: "Podéis grabar cuantas veces queráis el cuerpo de las geishas, mas deberáis respetar la piedra de las estatuas públicas."

TATTOOS

"How can I draw a beautiful woman on your chest," asked the Third Emperor's impudent Tattoo Master, "when the only woman worthy of you is tattooed on mine?"

*

On the breast of the geisha Tsieou Kin, an expert hand had drawn a golden bee that sucked from her roselike nipple. Evidently, this caused the downfall of the second governor of the Minamoto family.

*

She had a dream of water, a fluid dream that ended in the irregular transparency of a pond. In it, the most distant landscapes, the secret places of childhood, were drawn over a nostalgic inversion of impossibility. The reflection of a flying duck made her doubt the dream's reality. To test herself, she imagined she was a naked boy, swimming. When she awoke, a carp drawn by some friendly hand graced her breast.

*

In order to engender the perfect child, Madame Tai tattooed an angel over her womb.

*

"Here, love and art use a single space to clarify one other," said the ancient master as he showed the wondrous skin of a youth where he had tattooed a dove surprised by a hawk. This anecdote is told of the Tattoo Master of the Second Emperor, a painter as well-known for the liberality of his ways as the ambiguity of his words. During the Minamoto shogunate, the telling of this story was forbidden.

*

The ruthless shogun Ieyasu is credited with this warning: "You can engrave whatever you like on the bodies of the geishas, but you must respect the stone of the public statues."

✽

"No os equivoqués —dijo la señora de Yoshinaka al Emperador que la requería—, nada prodigioso encontraréis en mi cuerpo más allá de la belleza cierta de unos versos de Li Po que un sabio maestro grabó en mis senos."

✽

Antes de partir para la guerra, el shogun de Nara hizo grabar en el vientre blanquísimo de su esposa la sombra de un dragón temible. Durante la larga guerra gempei, al paracer, la señora de Nara fue complacida por la imaginación de un samurai que descubrió la indefensión de sus espalda.

✽

Con el tono levísimo en la voz del viento de otoño, turbada, ocultándose tras los difuminos del biombo de nácar, la joven Emperatriz viuda, cuando fue solicitada por sus eunucos para que accediera, por el bien del Estado, a celebrar nuevas nupcias, trémulamente dijo: "Accedo, mas mi nuevo marido deberá llevar tatuado en el pecho, la apacible sonrisa de mi difunto esposo."

✽

El maestro de pergaminos de la Gran Corte fue ejecutado en Kyoto, en el siglo XII, al haber sido declarado culpable de realizar un tatuaje en el pecho del shogun de Kamukara e inducir al dibujo a que diera muerte, como así hizo, a su dueño.

❅

"Make no mistake," said the Lady of Yoshinaka to the Emperor who called for her, "you will find my body unexceptional, apart from the unmistakable beauty of some verses of Li Po engraved by a wise teacher on my breasts."

❅

Before leaving for war, the shogun of Nara had his wife's flawless abdomen engraved with the shadow of a terrible dragon. It seems that during the extended Gempei conflict the lady of Nara took pleasure in an imaginative samurai who discovered she was unprotected from the rear.

❅

So softly, with the voice of an autumn wind, while hiding distraught behind the pearl screen, the young but widowed Empress, when asked by her eunuchs to agree to marry again for the good of the Empire, replied unsteadily, "I will agree, but my new husband must wear tattooed on his chest the serene smile of my dead husband."

❅

The Parchment Master of the Great Court was executed in Kyoto in the 13th century for producing a malicious tattoo on the chest of the shogun of Kamakura, and for inciting the drawing to assassinate, as it did, its owner.

IMÁGENES

Su alma era tan hermosa, tan delicada, que dos ángeles lucha-
ban ferozmente para devorarla.
*

El arcángel caníbal devora querubines.
*

El ángel teme ser violado por el cisne.
*

Los sábados, en esta carnicería, venden solomillos y muslos de
ángel.
*

Soñé que el día de mi primera comunión, después de dar gra-
cias, mi ángel gritaba: "¡Sálvame! ¡Sálvame!" Y yo lo dejaba
caer en el vacío.
*

Un ángel, deslumbrado por un pecho de muchacha, se prueba
un sostén.
*

La herida del ángel mana leche.
*

. . . Y despacio fue desvistiendo a su ángel.
*

Me despierto, el ala del ángel se me clava en la espalda.
*

En el jardín zoológico exhiben a un ángel.
*

Se prohíbe la entrada a perros, niños y ángeles.
*

Al final del callejón sin salida, an ángel descompuesto, con la
túnica desgarrada, gritaba "¡Al violador, al violador!"
*

Vi cómo un ángel solícito llevaba a unos niños al vacío de un
puente, y allí los empujaba lanzándolos a la nada.
*

También en la clase de anatomía hay un esqueleto con alas.

IMAGES

Her soul was so beautiful and delicate that two angels were
viciously fighting for the right to devour it.
*

There was a cannibalistic archangel who ate cherubim.
*

Angels fear being violated by swans.
*

I know of a butcher shop that on Saturdays sells
angel steaks and thighs.
*

I dreamt that on the day of my first communion, after giving
thanks, my angel shouted, "Save me! Save me!" And I let him
fall into nothingness.
*

An angel, dazzled by a young woman's breasts, tried
on a brassiere.
*

When wounded, angels bleed milk.
*

And, slowly now, she started to undress her angel.
*

I awoke, the angel's wing sticking into my back.
*

At the zoo there was an exhibit containing an angel.
*

"No dogs, babies, or angels allowed."
*

At the end of a blind alley, a disheveled angel with a ripped
tunic was shouting, "I've been raped!"
*

I saw an angel diligently carrying children to the edge of a
bridge, where it pushed them off into the void.
*

In the anatomy classroom there was also a skeleton with wings.

❊

Mi propio ángel me perseguía ¡Y yo, que lo acababa de apuñalar!

❊

En la noche distinguí a un ángel que tricotaba ferozmente grandes cantidades de intestinos, y junto a él, desfallecido, un hombre permanecía encadenado, y a éste un águila le hurgaba las entrañas.

❊

Era un lugar desértico en el que habían clavado miles de cruces, y a medida que me iba aproximando pude distinguir que los ejecutados eran bellísimos ángeles, a los que unos esclavos habían taladro las alas, sosteniéndolos de esta manera en la cruz.

❊

Era un ángel (estaba seguro), y, sin embargo, no tenía alas, y huía atemorizado de un perro que, teniendo alas, pretendía devorarlo.

❊

También desfiló la ninfomaníaca. Llevaba ésta a un ángel tímido, trabado de correas, al que conducía como si fuera una bestia, y le iba azotando a la vez que gritaba desaforadamente: "¡Estúpido, y qué hago yo con un ángel casto!"

❊

Meditaba en la terraza cuando a mis pies cayó un ángel herido de muerte por un dardo.

❊

Una mañana, el ángel observó que también su cuerpo se cubría de plumas y se sintió triste, con una tristeza parecida a la del hombre lobo.

❊

Y era una fila silenciosa de ángeles gesticulantes. Y supe que eran los custodios de los sordomudos.

❊

Y hundiendo sus alas en el mar, el ángel náufrago remaba fuertemente.

❊

La muerte de un hombre es también el fracaso de su ángel.

❋

My guardian angel was chasing me, even after I'd stabbed it!
❋

At night I could see an angel ferociously knitting a great quantity of intestines. Next to it was an unconscious man in chains whose innards were being picked at by an eagle.
❋

It was a desert landscape in which thousands of crosses had been nailed up. As I got closer I could see that those executed were beautiful angels. Their wings had been pierced, and this was how the crosses supported them.
❋

I was sure it was an angel. Nevertheless, it was wingless, and being chased by a winged dog which sought to devour it.
❋

A nymphomaniac also walked by. She was leading a timid angel, bound with cords, and she pulled it along like a beast, screeching, "Stupid! What am I supposed to do with a chaste angel?"
❋

I was meditating on the terrace when an angel fell at my feet, shot dead by an arrow.
❋

One morning the angel noticed its body was covered with feathers, and it felt sadness like that experienced by werewolves.
❋

It was a row of silent, gesturing angels. And I knew they were the guardians of the deaf.
❋

And, thrusting its wings into the sea, the shipwrecked angel furiously began to row.
❋

A man's death is his angel's failure.

✿

Y todas acudían a beber de las lágrimas de aquel ángel.

✿

Venganza. El ángel de Abel intenta asesinar al ángel de Caín.

✿

Desde la proa vio cómo en la playa un extraño caballo devoraba a un ángel. Y acabado este infame sacrilegio, al bruto le salían alas, quedando al fin hecho un hermoso Pegaso.

✿

Vi en aquella playa a una muchacha celosísima que le mojaba las alas a su ángel para que no alzase el vuelo.

✿

Vi al ángel patológico devorando el corazón de un hombre.

✿

Había una gran cueva revestida de cuarzo y amatista, y de ella salían infinidad de ángeles que, horrorizados, se aprestaban a esconder sus huevos de marfil y carey. Y cuando empezaban a sentirse seguros vi avanzar un número interminable de hormigas devoradoras.

✿

Eran los ángeles negligentes condenados por siempre a arrastrar los cuerpos de los hombres que en tiempos tuvieron confiados.

✿

Soñé que dormía abrazado a un ángel, y al despertar, en mi lecho, una extraña pluma hacía prueba del sueño.

112

✽

Everyone gathered around to drink from that angel's tears.

✽

Vengeance: Abel's angel trying to assassinate Cain's.

✽

From the prow I saw a strange horse devouring an angel on the beach. And when this sacrilege was completed, the brute grew wings and became a beautiful Pegasus.

✽

On the beach I saw a jealous girl drenching her angel's wings to keep it from flying.

✽

I saw a psychopathic angel devouring a man's heart.

✽

It was a vast cave decked with quartz and amethyst. An endless flock of terrified angels was streaming out—they were trying to hide their marbled tortoise shell eggs. And just when they seemed to be feeling more secure I saw an advancing horde of voracious ants.

✽

They were negligent angels forever condemned to drag around the bodies of the men who had once trusted them.

✽

I dreamt I slept embracing an angel. I awoke to find an exotic feather in my bed.

CABALLOS

En las horas inquietas de ciertos amaneceres los oigo galopar. Su locura y su confusión recuerdan la dinámica de los océanos, el ir y venir de las olas, el rugir de las marejadas, la insaciable ira de las tempestades. Son los caballos perdidos en la fiebre del poeta muerto. Caballos apenas concebidos, ni realidad ni metáfora. Mas yo los oigo incansables —como la sangre arrebatada en un cuerpo sin sombra— ir de acá para allá buscando las orillas de un sueño ya imposible.

Caballos sin nadie que los sueñe.

HORSES

During the restless hours of certain mornings I hear them galloping. Their madness and confusion remind me of the ocean, the going and coming of the waves, the roar of the surf, the insatiable wrath of the storms. They are horses lost in a dead poet's fever. Horses barely conceived, neither reality nor metaphor. But I hear them running, tireless, like the inflamed blood of a shadowless body, running around, searching for the shores of a sleep that is now impossible.

Horses with no one to dream them.

LOS OFICIOS DE SUEÑO

I

Primero vi al muchacho. Era un solitario del parque, un prófugo de la felicidad.

En un banco de la glorieta de los cisnes estaba la pareja. Se besaban, respiraban, se besaban, respiraban . . .

En un momento de exaltación amorosa, ella le pidió un diente, y como el muchacho estaba dispuesto a complacerla, tras grandes y dolorosos esfuerzos logró desprenderse de uno, y se lo entregó tal si le ofreciese la exótica belleza de un narciso tardío.

Al poco tiempo les volví a encontrar. El joven lucía en su sonrisa una pieza de oro, un diente postizo. En él, un protésico habilidoso había grabado las iniciales del nombre de la loca muchacha. Por su parte, ella adornaba el índice de su mano con la gracia de un anillo, en el que un solo diente intentaba remedar una triste sonrisa.

116

THE FUNCTIONS OF SLEEP

I

The couple was sitting on a bench near the clearing of the swans. I saw the boy first (he had been one of the park's outcasts, a fugitive from happiness). They would kiss, then breathe, kiss, breathe . . .

In a moment of amorous exaltation, she asked him for a tooth, and the boy was anxious to satisfy her. After great and painful effort he succeeded in pulling one out, and offered it to her as though he were offering her the exotic beauty of a late-blooming daffodil.

I soon found them again. The youth wore a piece of gold in his smile, a false tooth. On it, a skilled prostheticist had engraved the foolish girl's initials. For her part, she adorned her index finger with a ring in which a lone tooth tried to echo a sad smile.

II

La conocí en la playa, y al poco estábamos sentados frente a frente en una pequeña pérgola hecha de claridades y bebidas gaseosas. Charlábamos de tal manera que por un momento temí haber agotado el diccionario. Mas un diccionario puede decirse cuantas veces se desee, y volvimos a charlar, ahora con las palabras más hermosas y felices. Sin que lo advirtiera empezó a oscurecer. Incluso el mar era una mancha de misterio moviéndose en un horizonte dominante y lineal. Pensé tener una metáfora luminosa para ofrecérsela; iba a hacerlo cuando descubrí que también ella había anochecido, y que en la suavidad adolescente de su piel azul, los astros y constelaciones brillaban de una forma única, y, tomándola de la mano, preferí hacerme cómplice del silencio.

II

I met her on the beach, and soon we were sitting face to face in a small gallery of lights and effervescent drinks. We talked in such a way that for a moment I thought I had exhausted the dictionary. But you can go through a dictionary as often as you like, and we started to chat again, this time with the most beautiful and delightful words. Without our noticing, it began to grow dark. The sea became a mysterious stain moving along a dominating linear horizon. I tried to come up with a luminous metaphor to offer her. I was going to when I noticed that night had fallen for her also, and in the adolescent softness of her blue skin the stars and constellations shone in a singular fashion. So, taking her by the hand, I chose to make myself the accomplice of silence.

III

La bella señora surgió repentina, caminando junto a mí con paso intranquilo. Había en sus ojos una mirada nerviosa y desconfiada, como si temiera el poder de una sombra maligna y asesina. Inesperadamente, abriendo su hermoso abrigo de astracán y su blusa de encajes y abalorios, me dijo: ¡Tome, tome!, y mientras descorría una extraña cremallera de carne rosácea que en su pecho de pétalos ocultaba un corazón diminuto, sacudiéndolo, me lo entregó: Es para usted —decía—, así, si me apuñalan, no moriré del todo y de alguna manera seré suya.

Un tráfago húmedo, una masa apresurada de individuos nos separó de un golpe, y desde entonces ando con un hermoso corazón ajeno en mi bolsillo, que no sé ni cómo ni cuándo habré de devolver.

III

The beautiful lady came up suddenly, walking next to me at a hurried pace. She was nervous and had suspicious eyes, as if she feared the power of some malignant, murderous shadow. Suddenly, opening her elegant astrakhan coat and her lacy beaded blouse, she told me, "Take it! Take it!" She undid a strange zipper on her petaled breast, which was made of rosaceous flesh and covered a tiny heart, which she shook out and handed to me. "It's for you," she said. "That way if someone stabs me I won't completely die, and in some small way I'll be yours."

The intense traffic, an insistent mass of individuals, suddenly separated us, and since then I've walked around with this beautiful heart in my pocket, and I don't know when or how I'll have to give it back.

IV

Nunca pudo peinarse. Su cabellera, pelirroja, ardía como la ilusión recién creada de un pozo de petróleo. Su pelo era una zarza de rojísimo fuego, y ella estaba feliz porque algunos muchachos la trataban respetuosamente, tal si fuera la luz que arde a la memoria de los héroes. Sin embargo, los más osados, que eran también los más hermosos, no dudaban en encender sus rubios cigarrillos en aquella inconsolable llama.

IV

She could never keep her hair combed. She was a redhead, and her hair, a bush of the reddest fire, burned like a mirage from a new oil well. She was happy because some of the young men treated her with respect, as if she were a light burning in tribute to some hero. Nevertheless, the boldest and most beautiful of them were confident they would someday ruddy their cigarettes in her unquenchable flame.

V

Morir —me dijo el niño— es permanecer ante un mismo paisaje indiferente.

Fue entonces cuando descubrí a los angeles ciegos, moledores de luces y brillos, amasando nostalgias y tristezas.

(Inesperado pasó un viejo tranvía. Personas que no había vuelto a ver desde mi infancia lo ocupaban.)

Después entró la niña, diminuta y preciosa, con su unicornio de cartón. En la mano llevaba un cazamariposas manchado de sangre. Y lo supe: El barco iba a zarpar.

V

"To die," the child told me, "is to sit still before a single unchanging landscape."

It was then I discovered the blind angels, worrying away at lights and glistenings, giving shape to nostalgias and sadnesses.

(An old tram passed by unexpectedly. It was occupied by people I hadn't seen since childhood.)

Then the girl came in, tiny and precious, with her cardboard unicorn. In one hand she carried a butterfly net stained with blood. And I knew: the ship was going to set sail.

VI

Reiterativo y soberbio, vi al sol reflejándose en el río. Inesperado, un muchacho se puso a correr: ¿Adónde vas?, le pregunté curioso; y él, con palabras sencillas, me dijo: A coger el sol antes que llegue al mar. Después será imposible. Y acabó razonable: cuando lo tenga, le soplaré, y así volverá de nuevo al cielo; aunque quizá al hacerlo me queme las pestañas.

Entonces pude oír distante y angustiada una voz de mujer y madre: Prometeo —gritó—, deja de jugar con las cosas del fuego, pues, de otro modo, acabarás meándote en la cama.

VI

I saw the sun's reflection, dreary and arrogant, in the river. Unexpectedly, a boy started running. "Where are you going?" I asked, curious. And in simple words he told me: "To catch the sun before it gets to the sea. Afterwards it will be impossible." And that seemed reasonable: "When I've got it, I'll blow on it to make it return to the sky, though in the process I might burn off my eyelashes."

Then I heard a mother's voice, distant and anguished: "Prometheus," she shouted, "stop playing with fire or you'll wind up wetting the bed!"

VII

La mañana del 12 de noviembre de 1975 recibí un sobre con el aspecto sospechoso de contener un anónimo. Lo abrí con esa resignación que la curiosidad mezcla a lo desagradable: me había equivocado. En su interior, brillante, como una piedra tallada por el mismísimo Spinoza, una metáfora me aguardaba inocente. Tienen las metáforas —cuando son auténticas— la belleza de ciertas plantas carnívoras, y pueden, de inmediato, cautivar a quienes las reciben. Aquella era de una ley muy pura, y resplandecía como un amanecer en el Mediterráneo. Desde entonces la llevo prendida en el llavero, y la gente la confunde con un amuleto de la suerte.

VII

On the morning of November 12, 1975, I received an envelope that appeared to contain an anonymous letter. Resigned, I opened it with a mixture of curiosity and distaste. But I was mistaken: inside, like a stone cut by Spinoza himself, a brilliant metaphor awaited me. Metaphors, when authentic, have the beauty of certain carnivorous plants, and can instantly ensnare their recipients. This one was high quality, pure, and it shone like a Mediterranean sunrise. I've carried it around ever since, attached to my key ring, and people mistake it for a good luck charm.

VIII

En el Club de Marinos Ilustres de Chelsea comía yo, junto a
Lady Ollivier, cuando esta dama, contra todo protocolo,
exclamó sorprendida, dirigiéndose a mí: Qué horror, ¿no ve qué
extraño tatuaje hay en este bistec? y al mirarlo, vi cómo en
aquella carne no muy hecha brillaba en oscuridades de tinta y
frito un precioso tatuaje de esos que exhiben los animosos
muchachos de la Navy. Preferí, ante la evidencia, no hacer
comentario y enfrascarme en el inesperado olor a cuerpo, mar y
puerto que salía de aquel singular plato, y continué la charla
como si nada excepcional ocurriera.

VIII

In the Famous Sailors Club of Chelsea, I was eating next to Lady Ollivier, when she (in a clear breach of etiquette) addressed me, exclaiming with surprise: "What horror! Can you see the strange tattoo on this steak?" Looking at it, I saw in the meat (quite rare) the cooked dark lines of a fine tattoo, like those worn by the enthusiastic young men of the Navy. I chose, in the face of this evidence, to say nothing, to lose myself in the unexpected smell of flesh, sea, and port that came from that unique plate, and I continued the conversation as if nothing extraordinary had happened.

LA GUERRA DE LOS SUEÑOS

Con los ojos cerrados daba la impresión de ser un muerto en su nave infinita, pero había algo en su faz que invitaba al diálogo: Qué haces —me atreví a preguntarle. Y fue grande mi sorpresa cuando, con un tono afanoso en la voz, me dijo: Estoy construyendo un sueño: el Rey soñará conmigo, y quiero que me encuentre en un sueño digno de él. Y me gustó, debo reconocerlo, la lealtad de aquel soldado.

Días más tarde lo hallé taciturno y pobre: ¿Has caído —inquirí— en desgracia con tu soberano? Oh, no —respondió—, el Rey fue generoso, y ambos soñamos una espada de plata, un yelmo de cristal y un halcón silencioso. Después —continuó— el Rey soñó un país sin fronteras, y yo era parte de su sueño, su mano derecha, su cólera y su venganza. Mas el enemigo de mi Señor, aquel que espía sus noches y codicia sus despojos, conocedor de todo esto, soñó también conmigo, y torció mi fortuna. Hoy el Rey exige validos insomnes y guerreros desvelados, y ahora mis visiones son parte del exilio, un desierto que empieza en la noche y no sabe de amaneceres.

THE DREAM WAR

With his eyes closed, he looked like a dead man on some eternal ship. But something in his face invited conversation. "What are you doing?" I ventured. I couldn't contain my surprise when, with a heavy voice, he answered: "I'm constructing a dream. The King will dream about me, and I want him to find me in a dream worthy of him." I must admit I was pleased by this soldier's loyalty.

Days later I found him, gaunt and withdrawn. "Have you fallen out of favor with your king?" I asked. "Oh no," he replied, "the King was generous and we dreamed together of a silver sword, a crystal helmet, and a silent hawk. Afterwards the King dreamed of a land without borders, and I was part of that dream, his right hand, his wrath and his vengeance. But my Lord's enemy, the one who stalks him at night and covets his conquests, who knows about all this, he dreamed of me also, and twisted my fate. Today the King requires incurable insomniacs and sleepless warriors, and now my visions take place in exile, a wilderness rooted in a nighttime that knows nothing of daybreaks."

EL TELEGRAMA

Un sueño mortecino entretenía las horas, y en las manos, escurridizo, cada vez pesaba menos el cuerpo del ausente.

—Hay telegramas pérfidos —sentenció una de las tías cuando en el año 42 alguien trajo la noticia de que el muchacho, el pretendiente, había perecido en el Pacífico—. Un océano de mucha prosapia —se atrevió, impertinente, otro cuya identidad es difícil de determinar, pues en el momento de la frase estaba fuera del campo que a la memoria le es dado retener.

El padre de la prometida, culto e irónico, incapaz de contener su inclinación por las frases hechas, se apresuró a decir, señalando al tímido empleado de telégrafos:

—En estas ocasiones, lo propio es dar muerte al mensajero.

Las palabras hicieron huir prontamente al joven.

Ella sí, ella lloró seguido e inmediato, y heredera biológica del afán paterno por las frases, pronunció la suya:

—¿Y ahora qué hago con mis labios?

Muy reciente el suceso, si la nostalgia era muy intensa, gustaba de ponerse la falda que una madrugada hubo de lavar tras un baile hecho de precipitaciones y leve luz.

Sólo, pasados los años, la pasión por el ausente fue sustituida por otras curiosidades. Nunca confesó a nadie que en sus sueños, el tiburón que persigue a los jóvenes románticos y a los marinos inexpertos, la buscaba a ella de forma indecorosa. Y también ocultó que, precisamente este sueño, era la mejor parte de su existencia.

THE TELEGRAM

A fading dream to pass the hours. And in her hands, slipping out, the absent body weighed less and less.

"Some telegrams can't be trusted," said one of the aunts. It was 1942 and someone had just brought news that the young man, her suitor, had perished in the Pacific. "That ocean's got a bad history," offered another cheeky relative, whose identity is difficult to establish at this point.

The father of the betrothed, well-read and ironic, unable to contain his fondness for clichés, pointed at the timid telegraph employee and hurried to say, "In times like these, the best thing is to kill the messenger."

Hearing these words, the youth promptly fled.

The girl started crying right away. Having inherited her father's love for prefabricated phrases, she pronounced her own: "And now, what do I do with these lips?"

Right after the event, when her longing was intense, she would wear the skirt she had once washed late at night after a dance memorable for its low lights and precipitations.

With the passage of years, her passion for the missing one was replaced by other interests. She never told anyone about her dreams, how the shark that chases romantic youths and unskilled sailors would hound her in appalling ways. And she also hid the fact that this very dream was the best part of her existence.

EL SUEÑO DE LA MUERTE

El niño prodigio tiene la mirada enfermiza, y su cuerpo recuerda la suavidad de algunos pergaminos. Sus palabras parecen venir de un extraño otoño, y su curiosidad le lleva a preguntar sin descanso.

—La vida es una pregunta que no admite respuesta, pues siempre hay una interrogante esperando contestación— dice este apasionado filósofo que dedica las noches (es dueño de todos los insomnios) a una lectura insaciable—. Soy tan débil —proclama ufano— que carezco de sueños —luego, como un animista exótico, advierte conciliador—: cuando muera, soñaré los sueños que deje pendientes. Hay —asegura— un número de sueños para cada hombre, y también un número de ensoñaciones para la muerte. —Y sin poder reprimir la explicación, cuenta que las visiones de los difuntos son como los negativos de las fotografías. Ya nadie los revelará.

Una tarde lo encuentro dedicado a ordenar su colección de mariposas nocturnas, y volviendo a un tema días atrás dejado, me dice que hay un cementerio para los sueños, una nebulosa, mejor, una falsa nube formada por cuantas visiones no gozaron de un soporte vital que las hiciera posibles. Aprovecho la ocasión para preguntarle por las pesadillas, los perfiles agresivos del sueño, y con tristeza que comparto, reconoce no saber nada del asunto.

THE DEATH DREAM

The child prodigy had a sickly look, and his body was as soft as some parchments. His words seemed to come out of some exotic autumn time, and his curiosity led him to endless questioning.

"Life is an answerless question, for there's always a questioner still waiting for the answer," he said. He was a passionate philosopher who spent his nights (he was a veritable king of insomnia) reading insatiably. "I'm so weak," he boasted, "I can't even dream." Later, strangely excited, he made the resigned announcement: "When I die, I'll dream all the dreams I still have pending. Everyone has a given number of dreams and a given number of dreamings, even after death." Unable to suppress further explanation, he added, "The visions of the dead are like negatives of a photo, though there's no one to develop them."

One afternoon I found him immersed in arranging his moth collection. Returning to a topic left behind days before, he told me there was a cemetery for dreams, a nebula formed by all the visions that had no life form to sustain them, to make them possible. I took advantage of the occasion to ask him about nightmares, those hostile betrayals of sleep. With a torment I shared, he said, "I wouldn't know anything about that."

FUGACIDADES

Tras la niebla, en el lugar donde los barcos vociferan su deses-
peración y su nostalgia, qué puerto nos aguarda.
❊

La luna, esa cínica duplicidad, siempre en lo alto y en lo profundo.
❊

El origen de la niebla está en el pensamiento.
❊

La mujer misteriosa, al desnudarse, descubrió que uno de sus
pezones se le había hecho luminoso como una luna.
❊

Hay una leyenda china que sostiene que la luna se alimenta de agua,
de tal manera que si no hubiera fuentes y lagos, la luna perecería.
❊

Después de la experiencia antropofágica, el hombre se siente
más hombre.
❊

Porque la niebla es sólo cosa de la vista, falacia del ver y del
mirar, nunca del tacto y el corazón.
❊

El pobre, para matar el hambre, no piensa en la bolsa del rico,
sino en sus muslos.
❊

Tacto en la niebla, tacto ligerísimo, equívoco y húmedo.
❊

El caníbal puritano sabe perfectamente qué partes del cuerpo
debe abstenerse de probar.
❊

El profesor Masaryk, durante el mes que prosiguió al
hundimiento de la fragata Hellen, obligado por las circunstan-
cias a lamentables prácticas antropofágicas, se limitaba a alimen-
tarse de la sustancia gris de sus acompañantes.
❊

La niebla, aliada eterna de la literatura y las despedidas.

FLIGHTS

Behind the fog, where ships voice their desperation and nostalgia, what port awaits us?
❋

The moon is a duplicitous cynic, always in the heights *and* in the depths.
❋

Fog originates in thought.
❋

As she undressed, the woman discovered that one of her nipples had become incandescent, like the moon.
❋

According to a Chinese legend, the moon feeds on water and would perish without fountains or lakes.
❋

After trying cannibalism, he felt like more of a man.
❋

Fog is only a matter of sight, a fallacy of seeing and looking, never of touching, never of the heart.
❋

A poor man, trying to kill his hunger, doesn't dwell on the rich man's purse, but on his thighs.
❋

Touching in the fog—the lightest, most equivocal, most humid touching.
❋

The puritan cannibal knows perfectly well which parts of the body he should abstain from eating.
❋

Professor Masaryk, obligated by circumstance to resort to cannibalism during the month following the sinking of the *Hellen*, limited himself to eating the gray matter of his companions.
❋

Fog: the eternal ally of the literature of goodbyes.

❧

La luna reflejándose en el estanque es el nenúfar de la noche.

❧

Y dijo el reverendo, después de la inevitable experiencia antropofágica: "De alguna manera me siento lugar santo," e inició la siesta.

❧

Voces en la niebla, voces sin cuerpo, sin nombre, sostenidas a impulsos del deseo y la duda.

❧

Después del escándalo del naufragio, aquella insensata se hizo grabar en el vientre una corona fúnebre de mirtos y heliotropos.

❧

"El sabor de la sangre azul tiene un toque metálico," me dijo confidente el pasajero de primera salvado del naufragio.

❧

Macius Albert, cura renegado, en una noche de melancolía de 1746, consagró la luna de julio.

❧

Palabras sin cuerpo, fantasmales palabras nacidas de la niebla. Palabras abandonadas, suspendidas, esperando la necesidad de un alguien que las haga suyas. Palabras huérfanas en la niebla.

❋

The moon reflected in a pond is a nighttime water lily.

❋

After the unavoidable cannibal experience, the preacher said, "In some ways I feel like a holy place."

❋

Voices in the fog, without body or name, sustained by and driven toward desire and doubt.

❋

After the scandalous shipwreck, the foolish girl had her abdomen engraved with a funereal crown of myrtle and heliotrope.

❋

"Blue blood has a slight metallic taste," the shipwreck survivor from first class told me confidentially.

❋

On a melancholy night in 1746, a renegade priest named Macias Albert consecrated the July moon.

❋

Bodiless words, ghostly words born of the fog. Abandoned words, suspended, waiting for someone to claim them. Words orphaned in the fog.

EL IMAGINATIVO

—Quizá —me dijo— imagino porque no sueño. De niño —había decidido contarme su vida— sentía vergüenza ante los otros niños del colegio al no tener sueños que ofrecerles. Tenía canicas, las más luminosas canicas de toda la clase, canicas que eran como fósiles de agua, como aire solidificado; y también tenía los pantalones de pana más hermosos de todos los pantalones de la ciudad. Solía decirles a mis compañeros que no eran de pana, que estaban hechos con la piel de un puma que mi padre había cazado para mí una noche en el tejado de la casa. Y también tenía una jaula repleta de moscas verdes, casi metálicas, que vendía en las clases de latín cuando las declinaciones (siempre las mismas) se ponían insufribles. Pero pese a toda aquella magnificencia, envidiada por los demás alumnos, no tenía sueños y, debo reconocerlo, esta carencia me hacía sufrir de tal modo que corría peligro de convertirme en un muchachito huraño; así que, para que nadie descubriera mi tragedia, no me quedó otro remedio que inventarlos. Creo que instalé en la imaginación una cadena industrial de fabricar y envasar sueños, todos diferentes, y una para cada noche.

—Nunca se lo he dicho a nadie —me aseguró no sin cierta complacencia dramática— pero en este oficio de creador de sueños acabé por dejar de dormir. Soy —concluyó feliz de sorprenderme— un insomne millonario en sueños. Como si, conmovido por su propia teatralidad, estuviese a punto de emocionarse, me contó, adelantando los acontecimientos, el sueño que a la mañana siguiente les narraría a sus antiguos compañeros, jubilados hoy, pero tan adictos a sus historias que no dejaban de reunirse con él ni un solo día.

Por mi parte, le propuse que se dedicara al cine. Con el mismo esfuerzo y energía que aplicaba en inventar sueños, podría crear un imperio cinematográfico. Pero él, que era poco práctico, no quiso escucharme. Cerró los ojos, y supe que ya estaba en plena producción onírica.

THE IMAGINATIVE MAN

"Perhaps," he told me, "I imagine things because I don't dream." He had decided to tell me his life's story: "When I was a child I was ashamed because I didn't have any dreams to tell the other children at school. I had some marbles, the most brilliant marbles in the whole class. The were like fossilized water, solidified air. I also had the most beautiful corduroy trousers in the whole village. I used to tell my playmates they were made not of corduroy but the skin of a puma my father had shot for me one night off the roof of our house. And I had a jar full of metallic-green flies that I'd sell during Latin class when doing declensions over and over became unbearable. But in spite of such magnificence, of being the envy of the other students, I didn't dream. I have to admit this lack made me suffer to such an extent that I was in danger of becoming antisocial. So, to keep people from discovering my tragedy, my only option was to invent the dreams myself. I installed an assembly line in my imagination where I built and packaged dreams, all different, one for every night.

"I've never told anyone this," he assured me with a certain dramatic satisfaction, "but in my role of dream fabricator I lost my ability to sleep. If dreams were dollars," he concluded, happy that I seemed surprised, "I'd be an insomniac millionaire." Moved by his own theatricality, he was becoming emotional. Looking ahead, he told me about the dream he was preparing for his old companions the next morning. They were all retired now, but were so addicted to his stories that they met with him every single day.

For my part, I proposed that he seek a career in the movies. With the same effort and energy he was dedicating to the invention of dreams he could build a movie-making empire. But he wasn't a practical fellow and chose to ignore my advice. He closed his eyes, and I knew he was already in full dream-production mode.